LIGHT

LICHT

LUMIÈRE

LICHT | LUMIÈRE

LIGHT

JOACHIM FISCHER

h.f.ullmann

Contents | Inhaltsverzeichnis | Sommaire

Light bulbs still represent the most-sold source of light in the world. While this is most likely because they are so easy to use, affordability certainly plays a role as well. Nevertheless, innovative sources of light are gaining ground, most notably for their functionality and inconspicuous sockets. Indeed, light has become one of the most important and original means of design of contemporary architecture. Cutting-edge electronic technology in operational and control instruments allows the lighting to be adjusted to various individual needs. By joining specific different lighting elements, a number of light scenarios can be created. White and colorful, warm and cool light can be combined to achieve a range of moods, specific to times of the day or individual needs. Modern lighting techniques also enable objects and buildings to be accentuated and dramatically highlighted—even urban spaces can be attractively illuminated. Inner and outer spaces are harmonized and an increase in the quality of life is noticeably perceivable. Alternating sunlight and artificial sources of light bestows rooms and buildings with a new level of quality. Architects, designers and building owners are becoming increasingly aware of the importance of light planning in design and construction. Light creates an atmosphere, where human beings can live healthfully, work productively and relax. Images, therefore, include candle-lit dinners, illuminated façades and innovative museum lighting. Yet not all light is equal. Planners and executors have important requirements for light—for not only the technical aspects, but also the biological, architectural and esthetic effects of light need to be taken into consideration. Various solutions to ambitious light projects are presented here. The chosen examples include creative approaches to natural and artificial light, where esthetical and functional aspects merge. Particular attention is paid to the economical, ecological and ergonomic quality of the design. Each of the projects presented shows the constructive juxtaposition of art, design, architecture and light, engaging all the senses in the process.

Nach wie vor ist die Glühlampe die am meisten verkaufte Lichtquelle der Welt. Das liegt zum einen an ihrer einfachen Anwendung und zum anderen an ihrem niedrigen Preis. Doch innovative Lichtquellen sind auf dem Vormarsch – fassungsneutral und funktionell. So gehört Licht zu einem wichtigen und zukunftsweisenden Gestaltungsmittel in der modernen Architektur. Modernste elektronische Betriebs- und Steuerungsgeräte erlauben die flexible Anpassung der Beleuchtung an individuelle und wechselnde Anforderungen. Durch die Zusammenfassung bestimmter Lampengruppen lassen sich unterschiedliche Lichtszenarien erzeugen. Weißes und farbiges, warmes und kühles Licht können kombiniert werden, um beliebige anwendungs- oder tageszeitspezifische Lichtstimmungen zu erzielen. Moderne Lichttechniken ermöglichen es auch, Objekte und Gebäude zu akzentuieren und zugleich ins rechte Licht zu rücken und sogar ganze Stadträume publikumswirksam zu illuminieren. Sie bringen nicht nur Innen- und Außenräume in Einklang, sie leisten auch einen erhellenden Beitrag zur Lebensqualität. Durch das Spiel mit Tages- und Kunstlicht erhalten Räume und Gebäude eine neue Qualität. Zunehmend wird Architekten, Designern und Bauherren die Bedeutung individueller Lichtplanung zur Gestaltung und Inszenierung bewusst. Licht schafft eine Umgebung, in der Menschen gesund leben, arbeiten und sich wohl fühlen können. Die Stimmungsbilder reichen vom Tete-a-tete bei Kerzenlicht über illuminierte Fassaden bis hin zur innovativen Museumsbeleuchtung. Licht ist nicht gleich Licht. Licht stellt an Planer und Ausführende hohe Anforderungen, denn neben technischen Aspekten müssen auch besonders die architektonischen und ästhetischen Wirkungen von Licht berücksichtigt werden. Die vorliegende Publikation präsentiert anspruchsvolle Lichtprojekte in unterschiedlichsten Lösungen. Die ausgewählten Projekte integrieren Kunst- und Tageslicht und bestechen durch ästhetische und funktionale Aspekte, wobei auf ökonomische, ökologische und ergonomische Qualität gleichermaßen geachtet wurde. In all den Projekten wird die konstruktive Begegnung von Kunst, Design und Architektur mit Licht sinnlich erlebbar.

Facile à utiliser et bon marché, l'ampoule est aujourd'hui encore la source de lumière la plus vendue au monde. Des innovations, aux formes discrètes et fonctionnelles, font toutefois leur apparition sur le marché. La lumière est en effet devenue un moyen d'expression de plus en plus important dans l'architecture contemporaine. Des systèmes de commande électroniques très modernes permettent d'adapter l'éclairage en fonction des besoins. Des mises en scènes variées naissent de l'association étudiée de plusieurs sources lumineuses. On peut choisir entre un éclairage blanc ou coloré, chaud ou froid, et créer ainsi une atmosphère particulière selon l'heure de la journée ou ses désirs. Les techniques modernes d'éclairage mettent savamment en valeur les objets et les édifices. Au sein du paysage urbain, des effets de lumière judicieux peuvent même contribuer à revitaliser des quartiers entiers. Ils créent une harmonie entre les espaces intérieurs et extérieurs et favorisent de manière non négligeable la qualité de vie. Les associations de lumière naturelle et artificielle donnent aux espaces et aux édifices un tout autre caractère. Les architectes, les designers et maîtres d'ouvrage sont de plus en plus sensibles à cet élément et aux effets d'une conception adaptée de l'éclairage sur les formes et les volumes. La lumière est propre à créer un espace de vie ou de travail où l'on se sent bien. La palette des atmosphères créées par une utilisation savante de la lumière est très riche, de l'intimité émanant d'un éclairage à la bougie aux façades illuminées avec faste, jusqu'aux conceptions innovantes adoptées dans les musées. Il y a de multiples manières d'appréhender cet élément qu'est la lumière. Le travail autour de l'éclairage est particulièrement complexe. Il faut certes étudier les aspects purement techniques, mais penser également aux effets d'ordre biologique, architectonique et esthétique. Cet ouvrage présente d'ambitieuses réalisations dont les techniques varient d'une création à l'autre. Associant lumière naturelle et artificielle, elles séduisent tant par leur fonctionnalité et leur esthétique que par la prise en compte des critères économiques, écologiques et ergonomiques. Ces réalisations sont le fruit d'une rencontre constructive entre l'art, le design, l'architecture et l'élément « lumière ».

Kreationen | Créations

Creations

2b architectes

Place du Molard

The main challenge with this renovation project consisted in rendering visible the hardly apparent consistent character of *Place du Molard* in Geneva, Switzerland. White LED glass stones project bits of light on the floor of the area and evoke the image of starry skies. The little lights are strewn irregularly and create an exceptional atmosphere. The reflection of the glowing stones is reminiscent of glittering water and the port that used to be here. These stones thus become metaphors for the place and its history. Some stones even glow mysteriously at night. When stepped on, the irregular glass surface shines with greater intensity, yet the source of the light is difficult to determine. Greetings in the six official languages of the United Nations light up and are intended to remind the visitors of cultural exchange.

Place du Molard

Die Herausforderung bei diesem Projekt war es, den kaum mehr wahrnehmbaren einheitlichen Charakter des „Place du Molard" in Genf durch eine Neugestaltung wieder sichtbar zu machen. Weiße LED-Glassteine projizieren Lichtpunkte auf den Boden des Platzes und lassen den Besucher an einen Sternenhimmel denken. Die kleinen Lämpchen sind ungleichmäßig über den Platz verteilt und erzeugen eine besondere Atmosphäre. Die Leuchtsteine erinnern durch ihre Reflektion an glitzerndes Wasser und damit an den Hafen, der sich früher hier befand. So werden sie zur Metapher des Ortes und seiner Geschichte. Einzelne Steine leuchten nachts geheimnisvoll auf. Die unregelmäßige Glasoberfläche tritt bei Beleuchtung stärker hervor, die Leuchtquelle ist nicht genau lokalisierbar. Grußworte in den sechs offiziellen Sprachen der UNO blinken auf und sollen die Besucher an den Kulturaustausch erinnern.

Place du Molard

La difficulté de ce projet d'aménagement résidait dans la nécessité de restaurer à Genève l'unité de la place du Molard qui n'était plus perceptible. Des petits pavés de verre renfermant des diodes LED parsèment le sol de la place, formant une constellation. Ces points de lumière sont disposés de manière irrégulière et créent une atmosphère particulière. Leur effet miroitant fait penser à de l'eau et se réfère au port qui s'élevait à cet endroit par le passé. Ils composent une métaphore du lieu et de son histoire. Certains de ces pavés scintillent la nuit de manière mystérieuse. La surface du verre utilisé est irrégulière. Le foyer de lumière est du fait de cette irrégularité difficilement perceptible. Des messages de bienvenue dans les six langues officielles de l'ONU apparaissent par intermittence et évoquent l'importance des échanges culturels.

3deluxe

cocoon club

The *cocoon club* in Frankfurt follows a complete avant-garde concept, where media and web design, architecture and graphic programs complement each other perfectly. The 'leader' of the entire system is a full-time employee—the DJ. He defines himself as an artist, who plays with lights and projection in the same way a musician does with an instrument. A generic light desk interface or a mouse and laptop set-up can thus hardly suffice! Instead, all aspects of lighting control are included in the complete performance. Light and projection are presented together in the *cocoon club* as an unrivalled complex light installation.

cocoon club

Der *cocoon club* in Frankfurt ist als avantgardistisches Gesamtkonzept gestaltet. Die Designagentur 3deluxe entwarf einen homogenen Raum, in dem sich Architektur, grafische Elemente sowie Medien- und Webdesign wechselseitig beeinflussen. „Herrscher" über das System ist der RoomJockey. Er versteht sich als Künstler, der mit Licht und Projektion wie auf einem Instrument spielt und sich dementsprechend nicht mit der nüchternen Bedienoberfläche eines Lichtpultes oder eines Laptops zufrieden gibt. Stattdessen lassen sich alle Teile der Lichtsteuerung in eine Gesamtperformance einbinden. Zusammenfassend präsentieren sich Licht und Projektion im *cocoon club* als komplexe und ihresgleichen suchende Lichtinstallation.

cocoon club

À Francfort, le *cocoon club* est un lieu au concept avant-gardiste. L'agence de design 3deluxe a conçu un espace-système au sein duquel l'architecture, le graphisme et le design web s'influencent mutuellement. Un RoomJockey règne en maître sur cet ensemble. À l'aide de techniques élaborées, cet artiste joue avec la lumière et les projections tel un musicien. Il ne se contente pas pour cela d'une table d'éclairage ou d'un écran d'ordinateur : tous les éléments participent à la mise en scène pour créer une performance. Projections et lumière sont au *cocoon club* associées au sein d'une installation complexe et toujours renouvellée.

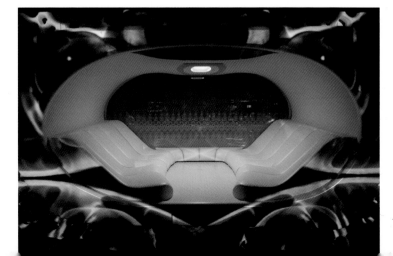

Andreas Karlen developed the highly captivating cube LED matrix in the *cocoon club*. It consists of 144 tailored blank strands hanging straight from the ceiling, each of which contains 8 LEDS, resulting in a total of 1,152 light-emitting diodes. Each of the matrix's LEDs can be individually lit and dimmed.

Ein besonderer Blickfang ist die von Andreas Karlen entworfene kubische LED-Matrix, die sich aus 144 senkrecht von der Decke herabhängenden Platinensträngen zusammensetzt. Jeder der Stränge ist mit acht LEDs versehen, woraus sich eine Gesamtzahl von 1152 Leuchtdioden ergibt. Jede LED ist einzeln schalt- und dimmbar.

Une matrice LED cubique élaborée par Andreas Karlen attire la curiosité. Elle est constituée de 144 cordons en platine suspendus au plafond. Chaque cordon est pourvu de 8 LED. L'effet d'éclairage provient ainsi de 1 152 diodes fonctionnant individuellement.

Salt Mine

For the longest time, miners were the only people to have access to the spacious adit. After a spectacular renovation by 3deluxe, adventurous visitors can now descend into the century-old universe of salt mining in Berchtesgaden, Germany. The adit systems are divided into various zones. In the so-called treasure chambers, visitors are given information in the interactive terminals, where they can also admire exhibition pieces. Stylized glass mountains represent great piles of salt. Touch screens are embedded in these glass sculptures—just one touch is needed to open a type of interactive encyclopedia on everything to do with salt. Polygon-shaped light objects impressively illuminate the room.

Salzbergwerk

Das Betreten der weitläufigen Stollen war lange Zeit nur den Bergleuten vorbehalten. Nach einem spektakulären Umbau von 3deluxe können sich nun abenteuerlustige Besucher in die jahrhundertealte Welt des Salzabbaus in Berchtesgaden begeben. Die Stollensysteme sind in verschiedene Zonen unterteilt. In der so genannten Schatzkammer können sich Besucher an interaktiven Terminals informieren und Ausstellungsstücke bewundern. Stilisierte Glasberge symbolisieren große Salzhaufen. In die Kunstwerke sind Touchscreens eingelassen. Bei Berührung öffnet sich eine Art interaktives Lexikon rund um das Thema Speisesalz. Polygon geformte Leuchtobjekte illuminieren den Raum eindrucksvoll.

Mine de sel

À Berchtesgaden en Allemagne, l'accès aux galeries fut pendant longtemps réservé aux seuls mineurs. Après des travaux d'aménagement spectaculaires menés par l'agence 3deluxe, c'est au tour d'aventureux visiteurs de pénétrer dans le monde de l'extraction minière de sel. Les galeries sont regroupées en plusieurs zones. Dans la zone appelée « chambre du trésor », on peut admirer des pièces d'exposition et s'informer au moyen d'écrans interactifs. Des blocs de verre stylisés de forme conique symbolisent les meulons de sel. Des écrans tactiles permettent d'accéder à une sorte de dictionnaire interactif sur le thème du sel. Des luminaires en forme de polygone éclairent la salle de manière impressionnante.

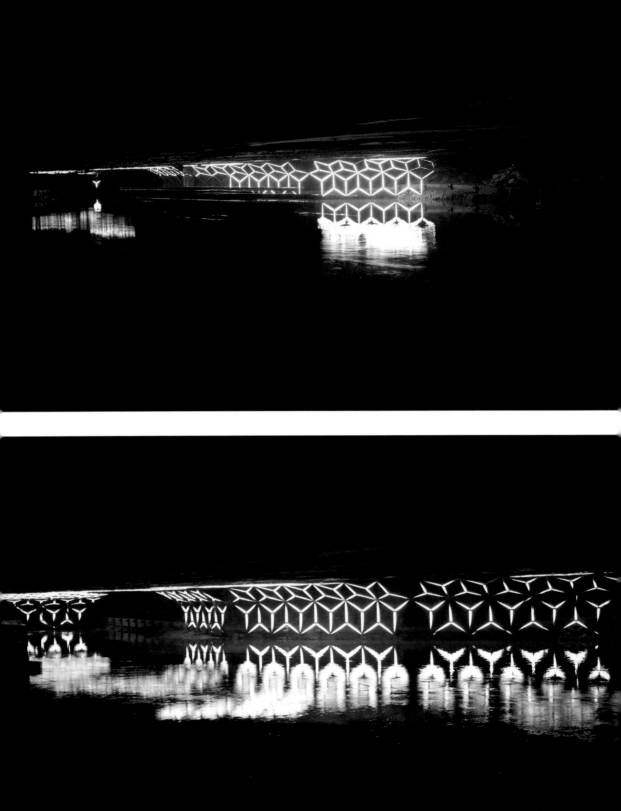

The lowest geographic point and absolute highlight is the salt sea located 460 feet (140 meters) under the ground. Breathtaking light installations bring the salt structures to life, letting them appear in various colors on the cave walls.

Geografischer Tiefpunkt und sinnlicher Höhepunkt ist der 140 Meter unter der Erde gelegene Salzsee. An den Wänden der Höhle erscheinen mit einer atemberaubenden Lichtinstallation in allen Farben erblühende Salzstrukturen.

Le lac de sel, situé à 140 mètres sous terre, est le point géographique le plus bas et le point culminant de la visite. Sur les murs de la grotte, une installation époustouflante laisse apparaître des cristaux de sel en différentes couleurs.

3XN

Bimhuis

A unique concert hall is located in the docks of Amsterdam. Truly exceptional concerts—jazz in particular—are one reason for its popularity. Another is the delicate architecture highly visible from afar—*Bimhuis* is open around the clock, seven days a week thus offering a continuous view into the building's interior. Some of the facilities open to the public include a café, a documentation center and exhibition space. Transparency and interaction with light influence the outer appearance. Daylight permeates the building, which is filtered through the glazed façades, and then dimmed and protected by the cantilevered roof. An ingenious system creates electric lights, which pulsate to the rhythm of the music.

Bimhuis

In den Amsterdamer Hafenanlagen hat sich ein Konzertgebäude der besonderen Art etabliert. Nicht nur die außergewöhnlichen Veranstaltungen, vorwiegend Jazzkonzerte, sind dabei ausschlaggebend, sondern auch die weithin sichtbare, filigrane Architektur. Das *Bimhuis* ist sieben Tage die Woche rund um die Uhr geöffnet und bietet so zu jeder Tageszeit einen Einblick in das Gebäude. Ein Café, ein Dokumentationszentrum und ein Ausstellungsraum sind einige der frei zugänglichen Einrichtungen. Transparenz und das Spiel mit Licht prägen das äußere Erscheinungsbild. Durch die riesigen Glasfassaden dringt Tageslicht in das Gebäude, gefiltert und gedimmt durch das weit vorspringende Dach. Dank eines ausgeklügelten Systems pulsiert im Konzertsaal künstliches Licht passend zur gespielten Musik.

Bimhuis

Au cœur de l'infrastructure portuaire d'Amsterdam, une salle de concert assez singulière s'est fait un nom. Sa programmation – essentiellement des concerts de jazz – y est originale tout comme son architecture en filigrane, visible de loin. Le *Bimhuis* est ouvert au public sept jours sur sept et vingt-quatre heures sur vingt-quatre. Parmi les espaces en accès libre, on trouve un café, un centre de documentation ainsi que des salles d'expositions. Les effets de transparence et de lumière caractérisent la façade extérieure. Cette dernière est composée de grandes baies vitrées par lesquelles la lumière s'impose avec force dans l'édifice. L'avancée très prononcée du toit vient filtrer et atténuer cette composante. Grâce à un système ingénieux, l'éclairage artificiel se décline au gré de la musique qui est jouée dans la salle.

Clear partitions and an austere wall design with wood paneling distinguish the concert hall on the first floor.

Die Konzertbühne im ersten Stock besticht durch ihre klare Aufteilung und die strenge Wandgestaltung mit Holzlamellen.

La salle de concert au premier étage séduit par ses lignes fluides et le décor quelque peu austère de ses murs recouverts de lamelles en bois.

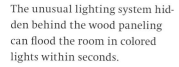

The unusual lighting system hidden behind the wood paneling can flood the room in colored lights within seconds.

Hinter den Holzlamellen verbirgt sich ein außergewöhnliches Lichtsystem, das den gesamten Raum binnen Sekunden in farbiges Licht tauchen kann.

Un système d'éclairage original se cache derrière les lamelles de bois. La salle peut en quelques secondes baigner dans une atmosphère colorée.

Ørestad College

In order to do justice to the growing number of students, a modern school for science, social sciences and humanities was built in the Danish capital's development area, Ørestad. Referred to as a 'Virtual College,' all students are given laptops and the entire building has free cordless Internet access. The unconventional pedagogical approach is reflected in the architecture. The cube's façade consists of partially colored and printed panels, which reflect the light, leading it inside and thus creating a dazzling show of light and shadow on the walls, floors and furniture. Light floods through the glass façade, illuminating the entire interior. The interior space comprises four levels, which are shaped like a boomerang and wound into each other like the aperture of a camera lens. The spatial layout of the four learning areas is flexible and can be easily modified or adapted to temporary needs.

Ørestad College

Um der wachsenden Zahl der Schüler gerecht zu werden, entstand in Kopenhagens neuem Viertel Ørestad eine moderne Schule für Natur-, Sozial- und Geisteswissenschaften. Seinen Beinamen „Virtual College" bedankt es einem unkonventionellen Lehrkonzept: alle Schüler erhalten einen Laptop, mit dem sie im gesamten Gebäude freien Zugang zum Internet haben. Das unkonventionelle Lehrkonzept spiegelt sich auch in der Architektur wider. Die Fassade des Kubus besteht aus teilweise farbigen und bedruckten Lamellen, die das Licht reflektieren, es nach innen leiten und spannende Licht- und Schattenspiele an den Wänden, Böden und Möbeln erzeugen. Durch die verglaste Fassade wird der gesamte Innenraum angenehm lichtdurchflutet. Im Inneren sind die vier Ebenen wie ein Bumerang geformt und gegeneinander verdreht, ähnlich einer Kamerablende. Die räumliche Organisation der vier Lernbereiche kann flexibel gestaltet werden.

Ørestad College

Afin de répondre au nombre croissant d'étudiants, on a construit à Copenhague, dans un quartier nouvellement créé, une école moderne abritant l'enseignement des sciences humaines, sociales et de la Terre. L'accès libre et sans câble à internet est possible dans tout l'édifice et chaque élève est doté d'un ordinateur portable, ce qui explique le surnom de « Virtual College » donné à cette école. Cette conception originale de l'enseignement se reflète dans l'architecture du bâtiment. Les façades de cette construction en forme de cube sont composées de persiennes partiellement colorées et imprimées. Ces panneaux reflètent la lumière, qui de cette manière s'infiltre à l'intérieur de l'espace pour composer un éclairage des murs, des sols et du mobilier tout en contrastes. L'édifice est ainsi agréablement lumineux. Les étages, au nombre de quatre, ont la forme de boomerangs dont les extrémités se font face et se chevauchent à la manière du diaphragme d'un appareil photo. L'organisation spatiale de l'enseignement peut être modifiée selon les besoins.

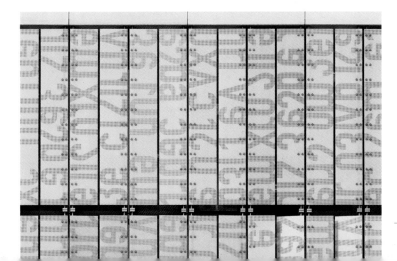

Signs, numbers and letters on the glass façade define the rooms and are legible depending on the light and time of day.

Zeichen, Zahlen und Buchstaben auf der Glasfassade werden durch den Einfall des Tageslichts im Inneren lesbar und definieren zugleich die Räumlichkeiten.

Les signes, les chiffres et les lettres qui agrémentent la façade de verre sont, à la lumière du jour, lisibles de l'intérieur et définissent les différents espaces.

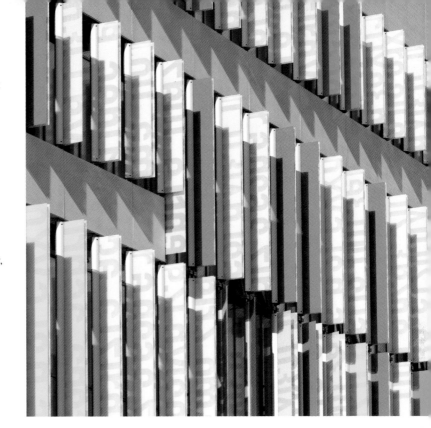

Colored panels in orange, yellow, blue and green indicate the four zones of the interior structure both day and night.

Farbige Lamellen in orange, gelb, blau und grün bilden die vier Zonen der innenräumlichen Organisation bei Tag und Nacht auch außen ab.

Des persiennes orange, jaunes, bleues et vertes sont, de jour comme de nuit, la manifestation extérieure de l'organisation intérieure d'un espace divisé en quatre zones.

Alan Chan Design

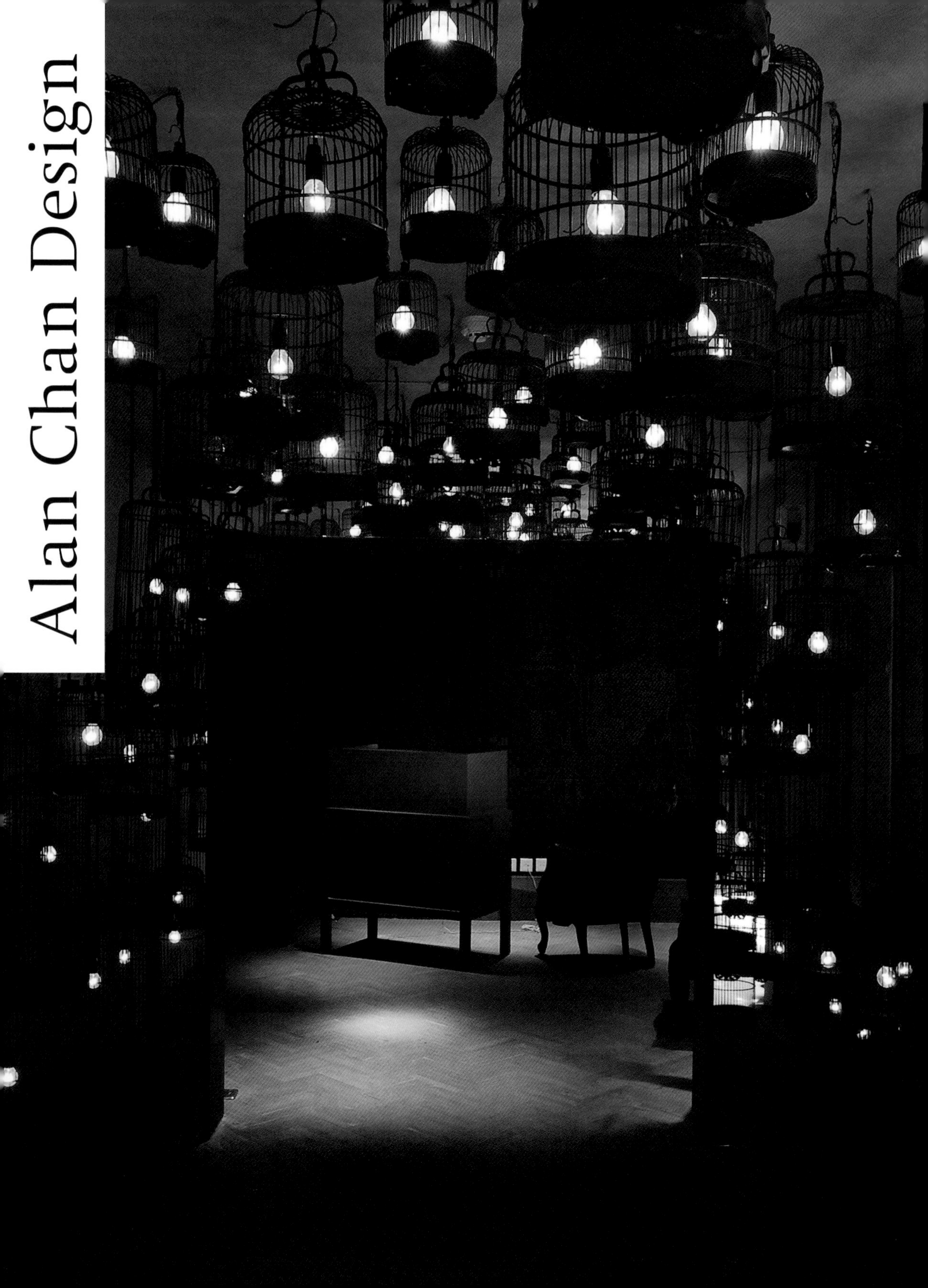

Club Whampoa

This restaurant and the adjoining club are in the *Three on the Bund* shopping center in central Shangai. From the fifth floor, you have a sensational view over the Pudong quarters and the Huangpu. The interior is lovingly designed. Guests are greeted by a surreal image at the entrance—numerous wooden birdcages with light bulbs hang from the ceiling, radiating warm sensuous light. The relaxing effect is reinforced through the use of dark colors in the interior. Seemingly thousands of lights shine from the restaurant's ceiling. Contrary to the first impression, however, these are not individual lights, but rather countless silver-colored tiny tiles that reflect the light above. The light twinkles and vibrates with every movement.

Club Whampoa

Das Restaurant und der daran angrenzende Club liegen im Einkaufszentrum *Three on the Bund* im Zentrum von Schanghai. Vom fünften Stock aus hat man einen sensationellen Blick über das neue Pudong-Viertel und den Huangpu. Die Inneneinrichtung ist prachtvoll inszeniert. Im Eingangsbereich bietet sich dem Gast ein surreales Bild: Unzählige hölzerne Vogelkäfige mit Glühbirnen hängen von der Decke herab und spenden ein warmes, atmosphärisches Licht. Die entspannende Wirkung wird durch die dunklen Farben des Interieurs noch verstärkt. An der Decke des Restaurants leuchten scheinbar tausende Lichter. Es handelt sich dabei jedoch nicht um einzelne Leuchtkörper. Vielmehr reflektieren unzählige silberfarbene Plättchen das darüber liegende Licht. So funkelt und vibriert die Decke bei jeder Bewegung.

Club Whampoa

Ce restaurant et son night-club sont situés dans le centre commercial *Three on the Bund* en plein cœur de Shanghai. Au cinquième étage, le panorama est spectaculaire avec des vues sur le nouveau quartier de Pudong et sur le Huangpu. La décoration intérieure a été réalisée avec faste. L'entrée du restaurant compose un époustouflant tableau : des cages à oiseaux en bois sont suspendues au plafond et diffusent, à l'aide d'une ampoule, une lumière chaleureuse. Au sein de cet espace, les coloris sombres viennent renforcer l'effet apaisant de l'éclairage. Le plafond de la salle de restaurant scintille de mille feux. Il s'agit pour la plupart de petites plaques de métal reflétant la lumière artificielle des plafonniers. Le moindre mouvement produit des variations de lumière.

Residential House Kayser

The client's family wanted their residential house to offer ample living space. Together with the architects Altenheiner + Wilde, they developed a living concept that was a deliberate contrast to the turbulence of daily life. The residential house in Neuenrade, Germany, consists of three tracts in exposed concrete-style, to which are ascribed the functions: rest, leisure and nourishment. The central living hall unites all three areas. Clear lines and austere geometry underline the concept. The large-surface glass front windows let daylight pour in. In the darkness, the lit windows highlight the reduced morphology from outside. Different light systems were installed in the living hall to ensure perfect lighting. Two rails with downlights hanging from the ceiling permit flexible general lighting. Floodlights direct the light vertically along the walls and spotlights help accentuate different focal points in the room.

Privathaus Kayser

Als Wohnhaus wünschte sich die Familie des Bauherren einen großzügigen Lebensraum. Dafür entwickelten sie mit den Architekten Altenheiner + Wilde ein Wohnkonzept, das einen Kontrast zum turbulenten Berufsalltag darstellen sollte. Das Wohnhaus in Neuenrade besteht aus drei Trakten in Sichtbeton-Bauweise, die den Funktionen Ruhe, Muße und Versorgung zugeordnet sind. Die zentrale Wohnhalle verbindet alle drei Bereiche. Klare Linien und die strenge Geometrie betonen das Konzept. Durch die großflächigen Glasfronten dringt viel Tageslicht hinein. Bei Dunkelheit betonen die von innen hell erleuchteten Fenster die reduzierte Formensprache. Zur perfekten Ausleuchtung der Wohnhalle wurden verschiedene Lichtsysteme installiert. Zwei von der Decke abgehängte Schienen mit Downlights gewährleisten eine flexible Allgemeinbeleuchtung, Fluter dienen der vertikalen Beleuchtung der Wände und Strahler der Akzentuierung von Blickpunkten im Raum.

Maison d'habitation Kayser

Le commanditaire de l'ouvrage et sa famille souhaitaient un espace d'habitation de grandes dimensions. Les architectes Altenheiner + Wilde ont ainsi conçu un édifice propre à compenser la cadence trépidante de la vie quotidienne. Située à Neuenrade, en Allemagne, la demeure se compose de trois ensembles construits en béton apparent auxquels sont attribuées les fonctions « repos », « loisirs » et « repas ». Au centre de l'édifice, le séjour relie les trois ensembles. Il s'agit d'une conception architecturale aux lignes géométriques rigoureuses. La lumière du jour inonde l'espace intérieur grâce aux grandes baies vitrées. Ces dernières, éclairées de l'intérieur à la nuit tombée, soulignent la simplicité de l'architecture. Différents systèmes d'éclairage ont été installés dans le séjour afin d'obtenir une luminosité parfaite. Les deux rails de spots suspendus au plafond éclairent l'ensemble de la pièce de façon flexible. Les lampadaires diffusent une lumière verticale sur les murs et soulignent certaines perspectives.

AGI Think Tank
Task Force Agency

The AGI Think Tank Task Force Agency in Stuttgart, Germany, needed the proper frame for flexible and modern workflow. Under the direction of the office atelierbrückner, an exceptional office landscape has grown, where multi-optional workrooms offer the perfect area for all kinds of occasions. Following the maxim, 'Working time equals life time,' the office created areas for working and for living, so that creativity and relaxation can co-exist. These impressive areas were given the desired sense of individuality through the innovative light installations. Sitting islands seem to float in artificial green oases while the big round glowing bodies emit mild calming light.

AGI Think Tank
Task Force Agency

Die AGI Think Tank Task Force Agency in Stuttgart benötigte für ihre flexiblen und modernen Arbeitsabläufe den passenden Rahmen. So entstand unter der Regie des atelierbrückners eine außergewöhnliche Bürolandschaft, in der multioptionale Arbeitsräume den passenden Ort für jede Gelegenheit bieten. Unter dem Motto „Arbeitszeit ist gleich Lebenszeit" wurden die Arbeitsräume wie Lebensräume gestaltet, in denen Kreativität und Erholung nebeneinander bestehen können. Die beeindruckenden Räumlichkeiten erhalten vor allem durch die innovativen Lichtinstallationen die erwünschte Individualität. So scheinen die Sitzinseln in der künstlichen, grünen Oase zu schweben und die großen runden Leuchtkörper geben gedämpftes, beruhigendes Licht ab.

Agence AGI Think Tank
Task Force

L'agence AGI Think Tank Task Force à Stuttgart en Allemagne, dont les structures de travail sont flexibles et novatrices, était à la recherche d'un cadre adéquat. C'est ainsi que cet ensemble insolite de bureaux vit le jour sous l'égide de l'atelierbrückner. Les espaces de travail, aux fonctions multiples, se prêtent bien à la transformation. Ils ont été conçus selon l'adage suivant : « Le temps passé à travailler est une part précieuse de notre vie. » Ce sont ainsi des espaces de vie où créativité et détente peuvent coexister. Un éclairage très original donne à cet impressionnant complexe l'adaptabilité souhaitée. Les canapés des aires de détente semblent planer au sein d'une oasis artificielle verte et les grands luminaires diffusent une lumière tamisée et apaisante.

Frankfurt Stock Exchange

In order to do justice to the further development of floor trade, the trading room of the Deutsche Börse in Frankfurt was modernized. While gazing over the new trading floors, visitors notice the round backlit trade barriers which have replaced the former square ones. They can be flooded in blue light for special occasions, such as for initial public offerings. A ceiling light allows for ergonomically impeccable workplace lighting. The German share index (DAX) board and electronic trading system define the room and are highlighted accordingly by a surrounding band of light. Media installations embedded in the floor illustrate the market's developments in the gallery.

Deutsche Börse Frankfurt

Um der Weiterentwicklung des traditionellen Parketthandels gerecht zu werden, wurde der Handelssaal der Deutschen Börse in Frankfurt modernisiert. Auffällig beim Blick über das neue Börsen-Parkett sind die runden, hinterleuchteten Handelsschranken, die die bisherigen eckigen Schranken ersetzen. Sie können bei besonderen Anlässen, wie Börsengängen, in blaues Licht getaucht werden. Eine Lichtdecke ermöglicht ergonomisch einwandfreie Arbeitsplatzbeleuchtung. Die raumprägende Wirkung der DAX-Tafel und des Kursanzeigesystems wird durch einen umlaufenden Lichtstreifen hervorgehoben. Auf der Galerie veranschaulichen in den Boden eingelassene Medieninstallationen die Entwicklungen des Marktes.

Bourse de Francfort

La salle des marchés de la bourse de Francfort a fait l'objet d'une modernisation, afin d'adapter cet espace aux évolutions de la traditionnelle criée. Des « balustrades » éclairées de forme ronde ont remplacé celles de forme carrée et retiennent l'attention lorsque du premier étage, on contemple le nouveau parquet de la bourse. En certaines occasions, par exemple lors des introductions en bourse, l'éclairage des balustrades peut passer du jaune au bleu. Un ensemble de plafonniers diffuse une lumière ergonomique parfaite. Le tableau des valeurs du DAX et de diffusion des communiqués est mis en valeur à l'aide d'une bordure de lumière. Dans la galerie du 1er étage, des écrans permettent de suivre les évolutions du marché.

XDPB DAX
XTKA DAX
XVOW DAX
XALV DAX
XDAI DAX
XMUV2 DAX
XAUS TECDAX
XMOR TECDAX
XSWV TECDAX
SOLARWORLD AG
XCGY TECDAX
XQIA TECDAX

Panasonic Fair Stand

atelierbrückner and the Berlin media artist Marc Tamschick were responsible for the design of this trade fair stand at the IFA Berlin 2007. The basic formative unit for the design and production was the 16:9 format of modern-day flat-screen televisions. A large display assembled out of twenty-three flat-screen televisions represents the focal point of the presentation. With twenty-one projectors, this media wall is the visual pulse of the trade fair stand.

Panasonic Messestand

Verantwortlich für die Gestaltung dieses Messestandes auf der IFA Berlin 2007 war das atelierbrückner in Zusammenarbeit mit dem Berliner Medienkünstler Marc Tamschick. Als formgebende Grundeinheit für die Inszenierung diente das 16:9-Format moderner Flachbildschirme. Das Herzstück der Produktpräsentation war ein riesiges Display, das sich aus dreiundzwanzig Flachbildschirmen zusammensetzte. Diese Medienwand wurde mit Hilfe von einundzwanzig Projektoren zum visuellen Pulsgeber des Messestandes.

Stand Panasonic

L'atelierbrückner a conçu, en collaboration avec l'artiste berlinois Marc Tamschick, le stand de Panasonic à l'IFA Berlin 2007. Des écrans plats très modernes, de format 16:9, ont servi d'éléments de base à la mise en scène. Un mur composé de vingt trois écrans est au centre de la présentation. À l'aide de vingt et un projecteurs, il est l'attraction visuelle du stand.

In proportion to the flat-screen televisions, the different color fields on the display always have the format 16:9.

Ausgehend von den Proportionen der Flachbildschirme haben die verschiedenen Farbfelder auf dem Display immer das Format 16:9.

Les carrés de couleur sont de dimensions identiques, reprenant celles des écrans plats de format 16:9.

Whether warm yellow and orange tones, or comforting shades of blue, the visitor is immersed in a media world, which conveys different moods in rhythmic sequences.

Ob warme Gelb- und Orangetöne oder beruhigendes Blau, der Besucher taucht in eine mediale Welt ein, die in rhythmischen Folgen unterschiedliche Stimmungen vermittelt.

Le visiteur entre dans un monde dont la tonalité chromatique – des jaunes orangés chauds ou des bleus apaisants – varie de manière rythmique et crée des ambiances changeantes.

Uwe Belzner

Erco Hochregallager P3

As should be expected from a light manufacturer, the high-rise warehouse of the company Erco in Lüdenscheid, Germany, shines at night, visible from afar as a light sculpture. Schneider+Schumacher designed a glass body, whose light façade offers a new direction for industrial building design. For the first time, a media façade is used to share the interior processes of the building. Modern technology lies behind this light installation. A control panel dims and controls the fluorescent lamps and plays over 250 different light scenes in sequence. Glittering greenish-blue, constantly changing designs out of vertical lines appear on the façade, reminiscent of barcodes with which goods and products are marked. The panels with yellow LEDS, placed on either side, mark the respective position of the storage and retrieval machines. Like will-o'-the-wisps, these points of light seem to flutter across the façade surface.

Erco Hochregallager P3

Das Lüdenscheider Hochregallager der Firma Erco strahlt nachts, wie es sich für einen Leuchtenhersteller gehört, weithin sichtbar als Lichtskulptur. Schneider+Schumacher entwarfen einen Glaskörper, dessen Licht-Fassade neue Wege im Hinblick auf die Gestaltung von Industriebauten geht: Erstmals dient hier eine Medienfassade dazu, die Vorgänge im Inneren des Gebäudes abzubilden. Hinter der Lichtinstallation steckt modernste Technik. Eine Steueranlage dimmt und schaltet die Leuchtstofflampen und lässt über 250 verschiedene Lichtszenen ablaufen. Grünblau schimmernd erscheinen auf der Fassade sich stetig verändernde Muster aus vertikalen Linien. Sie erinnern an Barcodes, mit denen die Waren gekennzeichnet sind. Die Panels mit beidseitig angeordneten gelben LEDs markieren jeweils die Position der Regalbediengeräte. Wie Irrlichter scheinen die Lichtpunkte über die Fassadenfläche zu huschen.

Erco Hochregallager P3

L'entrepôt de la société Erco, situé à Lüdenscheid en Allemagne est, de nuit, éclairé à la manière d'une sculpture, une conception répondant à son activité de fabricant de luminaires. Schneider+Schumacher ont conçu un ensemble de verre très innovant dans le domaine de la construction industrielle du fait de l'éclairage de sa façade. Celle-ci est utilisée comme un média qui signale les fonctions de l'édifice. Les mises en scène dont elle fait l'objet ont été réalisées à l'aide de techniques d'éclairage modernes. Un mécanisme de commandes permet d'activer et de faire varier l'intensité des néons. Il permet également d'actionner 250 tableaux différents. Des motifs bleu-vert scintillant et formant des lignes verticales apparaissent alors sur la façade. Ils font penser aux codes barre utilisés dans le commerce. L'emplacement des transporteurs est signalé à l'aide de panneaux éclairés des deux côtés de diodes LED. Lorsqu'ils sont en service, ils créent un phénomène de feu follet.

Cielo Club

This New York nightclub in the Meat Packing District opted for a very clear, yet unusual design. Lowered by two stairs, the dance floor is the center of the club, surrounded by a bar and sitting landscapes out of tree trunks. The complete interior—even the walls—is covered in brown and beige-colored suede, which gives the club a distinct 1970s flair. Lighting is, however, the most spectacular aspect of this club. Between the upholstered textile strips on the walls, irregularly spaced bands of light were attached. The club's warm orange-colored light evokes an unthreatening and comfortable atmosphere. The stairs to the dance floor glow a deep dark red.

Cielo Club

Dieser New Yorker Nachtclub im Meat Packing District setzt auf ein klares, und dennoch ungewöhnliches Design. Die um zwei Stufen tiefer gelegte Tanzfläche bildet den Mittelpunkt des Clubs. Um sie herum befinden sich Sitzlandschaften aus Baumstämmen und eine Bar. Das gesamte Interieur, auch die Wände, wurde mit braunem und beigem Veloursleder bezogen, was dem Club sein unvergleichliches 1970er Jahre Flair verleiht. Das Besondere ist jedoch die Lichtinszenierung. Zwischen den gepolsterten Textilstreifen an den Wänden sind Lichtbänder in unregelmäßigen Abständen eingesetzt. Ihr warmes, orangefarbenes Licht taucht den Club in eine gemütliche Atmosphäre. Die Stufen zur Tanzfläche leuchten in kräftigem Rot.

Cielo Club

Ce night-club new-yorkais, situé dans le Meat Packing District, présente un design à la fois simple et original. Il faut descendre deux marches pour atteindre la piste de danse qui constitue le cœur de l'établissement. Des banquettes dont le siège est composé de troncs d'arbre ainsi que le bar sont disposés en bordure de la piste. On a recouvert les murs et les éléments de la décoration intérieure de daim marron et beige, ce qui crée une ambiance particulière, très années 1970. L'éclairage est toutefois l'élément clé du design d'intérieur. Des bandes de lumière ont été intégrées de manière irrégulière entre les éléments de décoration en cuir qui recouvrent les murs. Cette lumière orange crée une atmosphère agréable et douillette. Les marches qui mènent à la piste de danse sont éclairées en rouge.

Bus Station

A highly exceptional bus station was designed in central Lugano, Switzerland. With a steel structure and covered with polycarbonate, it represents a modern interpretation of the typical canopy roofs out of iron and glass from the 19th century. Mario Botta designed this contemporary roofage, which is divided into three parts. The 23 feet (7 meters) high middle pathway is over 230 feet (70 meters) long and is flanked by two 16 feet (5 meters) high side pathways. During the day, filtered diffuse light streams through the transparent polycarbonate casing, evoking delicate paper membranes. Once darkness falls, the bus station changes into a glowing sculpture. White and colored bits of light in the shell illuminate the structure and bathe it in soft light.

Busstation

Im Herzen Luganos entstand eine außergewöhnliche Busstation. Das Stahlgerüst mit seiner Verkleidung aus Polycarbonat ist als eine moderne Interpretation der typischen Überdachungen aus Eisen und Glas des 19. Jahrhunderts zu verstehen. Mario Botta entwarf eine moderne, dreigeteilte Überdachung. Der sieben Meter hohe mittlere Gang erstreckt sich über eine Länge von 70 Metern und wird von zwei fünf Meter hohen Seitengängen flankiert. Tagsüber fällt gefiltertes, diffuses Licht durch die durchsichtigen Polycarbonat-Verkleidungen und lässt sie wie feine Papiermembranen wirken. Bei Dunkelheit verwandelt sich die Busstation in eine leuchtende Skulptur. Weiße und farbige Lichtpunkte in der Hülle illuminieren die Struktur und tauchen sie in sanftes Licht.

Gare routière

Une gare routière originale a vu le jour dans le centre de Lugano. Sa charpente est en acier et habillée de panneaux de polycarbonate, et compose une interprétation moderne des constructions de métal et de verre du XIXᵉ siècle. Mario Botta a conçu un toit en trois parties de facture contemporaine. Le couloir central, d'une hauteur de 7 mètres, se déploie sur une longueur de 70 mètres et est flanqué de deux couloirs de 5 mètres de haut. De jour, la lumière s'infiltre par l'habillage en polycarbonate de manière diffuse et crée ainsi un effet de fines marbrures sur la charpente. De nuit, la gare routière se transforme en une sculpture illuminée. Des éclairages blancs et colorés inondent l'intérieur de la structure d'une lumière douce.

Dürrenmatt Center

Acclaimed author Friedrich Dürrenmatt was a passionate drawer and painter. Yet only after his death were his paintings and illustrations made public. Mario Botta took on the design and execution of the museum in Neuchâtel, Switzerland, adding on an extraordinary extension to the former residential house. A curved exhibition hall was built underneath the terrace of the existing house, where Dürrenmatt's pictures can be impressively displayed. Daylight illuminates the displayed pieces—a band of light along the round wall lets the sunlight stream in from above and creates a dramatic light show on the unrendered concrete walls.

Centre Dürrenmatt

Der berühmte Schriftsteller Friedrich Dürrenmatt war ein passionierter Zeichner und Maler. Aber erst nach seinem Tode wurden seine Gemälde und Zeichnungen einer breiteren Öffentlichkeit zugänglich gemacht. Die Planung und Ausführung des Museums in Neuchâtel übernahm Mario Botta, der das ehemalige Wohnhaus um einen imposanten Anbau erweiterte. Unterhalb der Terrasse des bestehenden Hauses wurde in den Hang eine geschwungene Ausstellungshalle eingelassen, in der die Bilder Dürrenmatts eindrucksvoll präsentiert werden können. Beleuchtet werden die Ausstellungsstücke mit Tageslicht. Ein Lichtstreifen entlang der runden Mauer gewährleistet den Einfall von oben und zaubert ein spannungsvolles Lichtspiel auf die unverputzten Betonwände.

Centre Dürrenmatt

Le célèbre écrivain Friedrich Dürrenmatt fut sa vie durant un peintre et un dessinateur passionné. C'est seulement après sa mort que ses tableaux et dessins furent dévoilés au public. La conception et la réalisation du musée de Neuchâtel s'est effectuée sous l'égide de Mario Botta, qui a agrandi la maison d'habitation pour en faire un bâtiment imposant. Une salle d'exposition en arrondi a été exécutée à flanc de coteau, en contrebas de la terrasse de la maison préexistante. Les tableaux de Dürrenmatt y sont présentés de façon impressionnante et éclairés par la lumière du jour. Une ouverture étroite parcourant le mur arrondi laisse pénétrer une lumière zénithale et crée un jeu de lumière apaisant sur les parois de béton brut.

Candela Lichtplanung

Bix

This German Jazz club in Stuttgart was named after one of the most famous American jazz musicians of all times, the cornetist Bix Beiderbecke. In order to create a suitable venue for the sophisticated jazz concerts that take place here, architect office Bottega & Erhardt designed a sophisticated and refined atmosphere, which makes several subtle references to Bix Beiderbecke. The surrounding band, consisting of brass-colored intertwined aluminum bands, evokes a cornet. With the effective and multilayered backlighting, room acoustics are superb and diverse light reflections abound. Warm colors and textile room dividers help set an appropriate mood for the club. Large-scale graphics, representing an abstract portrait of Beiderbecke emphasize individual wall surfaces. One special highlight is the light installation in the entrance area. Diffusely glowing plastic tubes seem to float over the entering guests.

Bix

Seinen Namen verdankt der Stuttgarter Jazzclub einem der bekanntesten amerikanischen Jazz-Musiker, dem Kornettisten Bix Beiderbecke. Um den hier stattfindenden Jazzkonzerten einen angemessenen Rahmen zu geben, entwarf das Architekturbüro Bottega & Erhardt ein stilvolles und raffiniertes Ambiente, das immer wieder Verweise auf den Namensgeber zulässt. So erinnert der umlaufende Streifen aus messingfarbenen, ineinander verwundenen Aluminiumbändern an ein Kornett. Mehrschichtig und effektvoll hinterleuchtet sorgt es für gute Raumakustik und vielfältige Lichtreflexionen. Warme Farben und textile Raumteiler unterstreichen die Clubatmosphäre. Großflächige Grafiken, die ein abstrahiertes Porträt Beiderbeckes zeigen, betonen einzelne Wandflächen. Besonderes Highlight ist die Lichtinstallation im Eingangsbereich. Diffus leuchtende, helle Kunststoffröhren scheinen über den Köpfen der eintretenden Gäste zu schweben.

Bix

À Stuttgart, le *Bix* doit son nom à l'un des plus grands artistes de jazz américain, le cornettiste Bix Beiderbecke. Afin de réaliser un cadre adéquat pour ce lieu qui accueille des concerts de jazz de grande qualité, le bureau d'architectes Bottega & Erhardt a créé une atmosphère raffinée digne de l'artiste qui a donné son nom à ce club. La décoration des murs se compose de bandes d'aluminium enchevêtrées, de couleur cuivre, qui évoquent le cornet. La superposition de ces bandes en plusieurs couches contribue à la qualité de l'acoustique et l'éclairage très travaillé produit une multitude d'effets. Une palette de couleurs aux tons chauds et des tentures séparant la salle en divers espaces donnent au club son caractère. Certaines parois sont mises en valeurs par des impressions graphiques de grand format. Elles composent un portrait abstrait de Beiderbecke. L'installation qui éclaire de manière diffuse l'entrée du club retient particulièrement l'attention : des tubes lumineux semblent se balancer au-dessus des têtes.

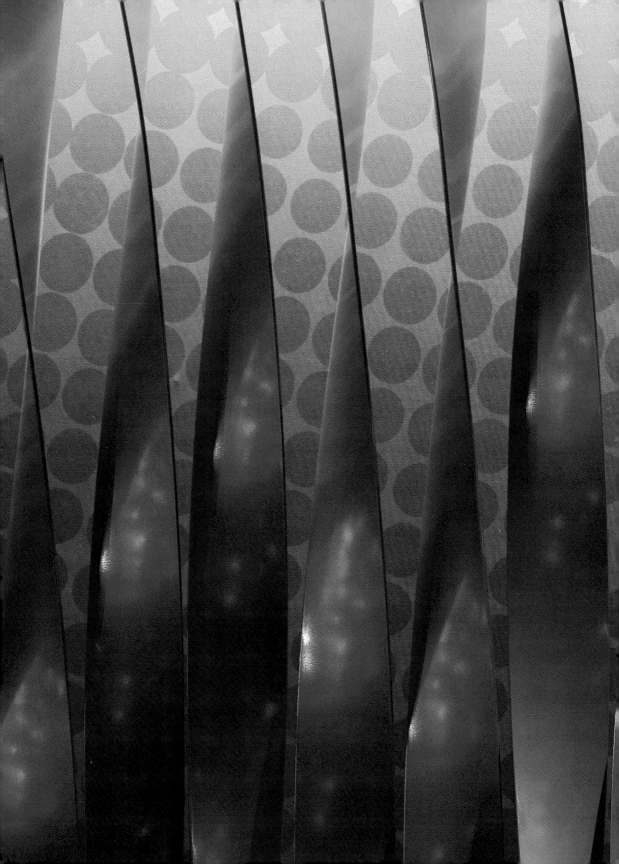

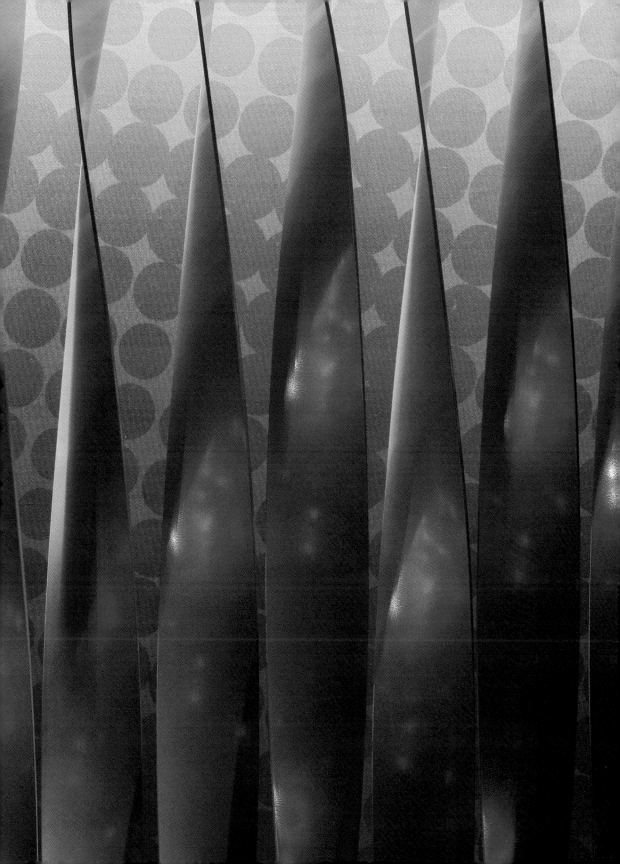

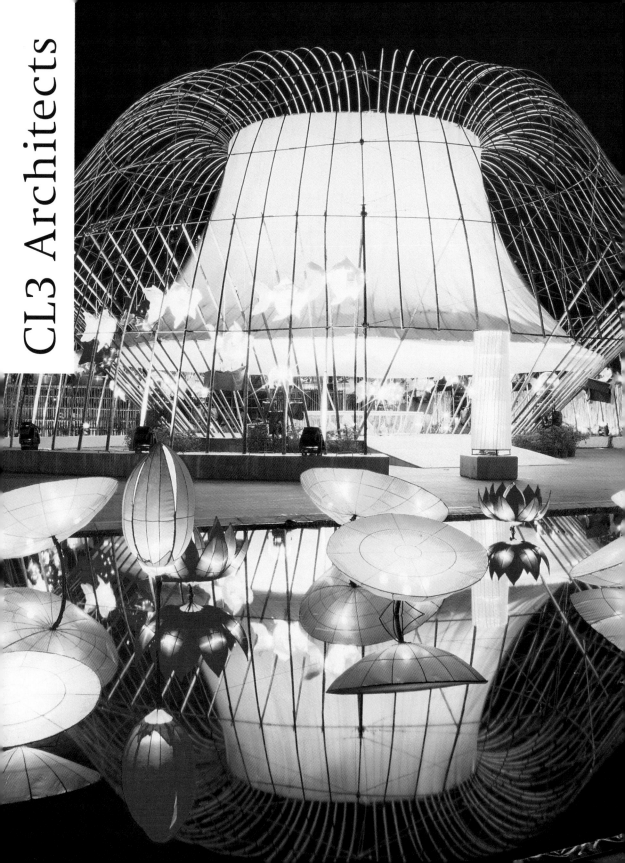

Lantern Wonderland

Hong Kong built a special attraction for the Mid-Autumn Festival in 2003—an oversized lantern that shines from afar as a visible landmark of Victoria Park. *Lantern Wonderland* is the perfect combination of traditional and contemporary architecture. The heart of the construction is a 50 feet (15 meters) high and 3,150 square feet (962 square meters) large dome out of long elastic bamboo sticks with an inner textile core. The elegant construction only fully develops its effect at night. Cleverly placed artificial sources of light let the building glow. The surreal appearance of the scenery is reinforced by the stark contrast to the surrounding skyscrapers.

Lantern Wonderland

Für das Herbstfest 2003 bekam Hong Kong eine ganz besondere Attraktion. Eine überdimensionale Laterne erstrahlte als weithin sichtbares Zeichen im Victoria Park. *Lantern Wonderland* ist die perfekte Kombination traditioneller und zeitgenössischer Architektur. Das Herzstück der Konstruktion ist eine 15 Meter hohe, 962 Quadratmeter große Kuppel aus langen, elastischen Bambusstäben mit einem textilen Kern im Inneren. Das filigrane Bauwerk entfaltet erst bei Nacht seine volle Wirkung. Geschickt angebrachte künstliche Lichtquellen lassen die Konstruktion von innen heraus erstrahlen. Durch den Kontrast zu den umgebenden Hochhäusern wird das unwirkliche Erscheinungsbild der Szenerie noch verstärkt.

Lantern Wonderland

À l'occasion des festivités d'Automne 2003, la ville de Hong-Kong s'est enrichie d'une attraction très originale. Une lanterne gigantesque et visible de loin rayonne depuis le parc Victoria. Cette création est la synthèse parfaite des architectures traditionnelles et contemporaines. Une coupole de 15 mètres de haut et de 962 mètres carrés est la pièce maîtresse de cette construction. Elle repose sur un assemblage de baguettes de bambou d'une grande élasticité, autour d'une structure en textile. Très sophistiqué, cet édifice est spectaculaire la nuit. Des éclairages, dirigeant la lumière de l'intérieur vers l'extérieur, illuminent judicieusement l'ouvrage. Le contraste avec les immeubles voisins renforce le caractère presque irréel de cette mise en scène.

Vanke Chengdu Commercial Complex

This project is part of the extensive development of a large living and business area in Chengdu, China. The center of this complex is *Rue interieur,* where visitors find information and leisurely strolls around the complex are encouraged. With a height of more than 33 feet (10 meters), the hall is very spacious and daylight shines through the surrounding glass fronts. A visual counterpoint is the oversized cube, which is lit from inside. The rich contrasts of the light shows with the deliberate combination of different light colors give this unique space dramatic tension.

Vanke Chengdu Commercial Complex

Dieses Projekt ist Teil der umfassenden Erschließung eines großen Wohn- und Geschäftsgebietes in Chengdu, China. Mittelpunkt des Centers ist eine „Rue interieur", die den Besucher informiert und zum Flanieren einlädt. Mit einer Höhe von über 10 Metern ist diese Halle sehr großzügig, und durch die umlaufenden Fensterfronten fällt durchgehend Tageslicht ein. Als visueller Kontrapunkt wurde ein übergroßer und von innen beleuchteter Quader gesetzt. Die kontrastreiche Lichtinszenierung mit der gezielten Mischung aus unterschiedlichen Lichtfarben schafft eine eigene Dramaturgie im Raum.

Vanke Chengdu Commercial Complex

Ce complexe a vu le jour dans le cadre de l'ouverture d'une zone d'habitations et de commerces à Chengdu, en Chine. Une « rue intérieure » est au centre de cet ensemble. Les visiteurs peuvent s'y informer et y sont incités à la promenade. Cette halle s'élève sur plus de 10 mètres et est très lumineuse du fait des baies vitrées qui composent sa façade. Un parallélépipède illuminé de l'intérieur et de grandes dimensions crée un contrepoint visuel. L'éclairage contrasté et sa palette de couleurs mettent l'espace en scène.

Cleverly placed light walls and light columns create an ambitious atmosphere for the entire exhibition.

Geschickt platzierte Lichtwände und Lichtsäulen verleihen der gesamten Ausstellung ein anspruchsvolles Ambiente.

Des parois et des piliers éclairés de manière judicieuse confèrent à cet espace d'exposition une ambiance raffinée.

concrete

supperclub

The *supperclub* in Rome is located in an elegant Palazzo from the 13th century and stands for a mixture of culinary finesse and surprising performances. Visitors first enter the dark and opulent *Bar Rouge* through a forest of material panels. Behind the bar, there are two further salons: *Salle Neige* and *Salle Baroque. Salle Neige,* the snow salon, consists of a huge white bed, while the black-chromed baroque room evokes a rather sultry atmosphere. These rooms are supposed to appeal to all five senses.

supperclub

Der *supperclub* in Rom residiert in einem stilvollen Palazzo aus dem 13. Jahrhundert und steht für eine Mischung aus kulinarischen Finessen und überraschenden Performances. Durch einen Vorhang von Stoffbahnen gelangt der Gast zuerst in die düstere und opulente „Bar Rouge". Hinter der Bar liegen zwei Salons: „Salle Neige" und „Salle Baroque". „Salle Neige", der Schneesalon, besteht aus einem riesigen, weißen Bett, der Barock-saal dagegen verfügt über ein eher anrüchiges Ambiente. In den Räumen sollen alle fünf Sinne angesprochen werden.

supperclub

À Rome, le *supperclub* se situe dans un élégant palais du XIIIe siècle et associe gastronomie et performances de manière surprenante. Le client se fraye d'abord un chemin à travers des couloirs décorés de tentures avant d'accéder au « Bar Rouge » au design opulent et plongé dans l'obscurité. Cet espace s'ouvre sur deux salons : la « Salle Neige » et la « Salle Baroque ». La première abrite un mobilier d'un design à la rigoureuse pureté, tandis que la « Salle Baroque », occupée par un immense lit blanc, possède un caractère quelque peu clandestin. Les plaisirs des cinq sens sont au cœur de la conception de ces espaces.

An opulent picture in a gold frame hangs over the guests in the baroque room.

Im Barocksaal hängt über den Köpfen der Gäste ein prachtvolles Bild im goldenen Rahmen.

Dans la salle baroque, un tableau au cadre opulent est accroché au plafond.

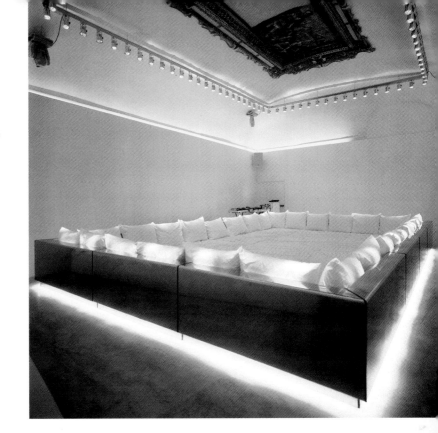

Hidden lighting points let the room glow in every color and thus create a variety of moods.

Versteckte Lichtpunkte lassen den Raum in jeder Farbe erstrahlen und schaffen so die unterschiedlichsten Stimmungen.

Des foyers de lumière dissimulés permettent de varier l'éclairage de la pièce et créent différentes atmosphères selon la couleur utilisée.

The entire interior in *Salle Neige* is snow-white: the bedspreads, which inspire relaxation and pleasure, as well as the elegant design furniture. The light blue light evokes an almost mystical atmosphere.

Im „Salle Neige" ist alles schneeweiß: die Bezüge der Betten, die zum Relaxen und Genießen einladen, ebenso wie die elegante Designermöblierung. Das leicht bläuliche Licht sorgt für ein fast mystisches Ambiente.

Dans la « Salle Neige », tout est blanc : la housse des banquettes, qui invite à la relaxation et à la dégustation, ainsi que l'élégant mobilier design. L'éclairage bleuté crée une atmosphère presque mystique.

eins:33 Architektur | Interior Design

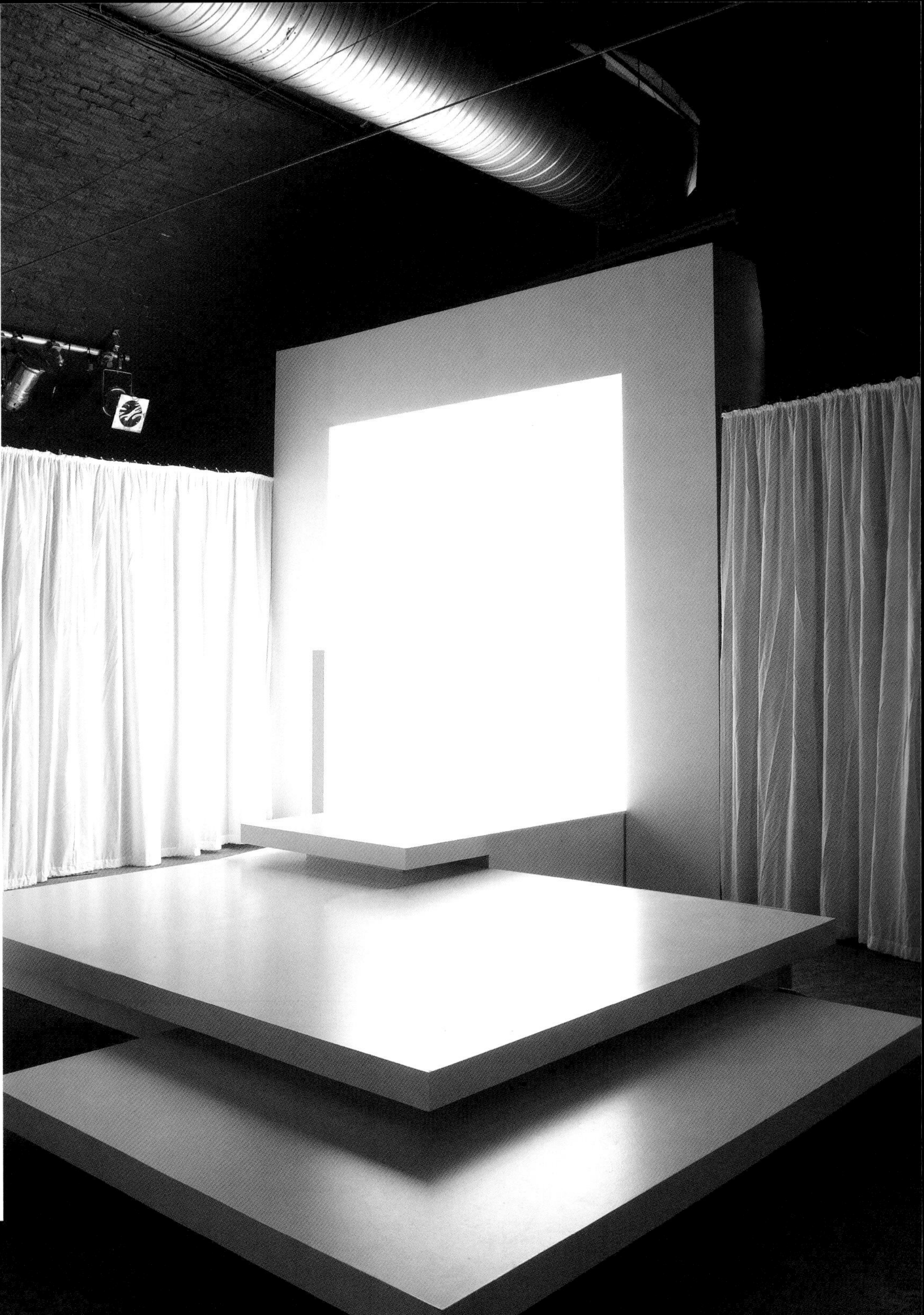

Gaggenau Press Event

In the *Bridge Club* under the London Bridge, Gaggenau presents its new product series. Plans from the Munich office eins:33 transformed the large vault in an atmosphere-laden and spatially multileveled installation. In the *Cool Zone,* visitors can feel the coldness of the cooling appliances, while the heat of the ovens can be felt in the *Hot Zone.* Entry into the *Cool Zone* is through a blindingly bright tunnel, where the use of white materials and cool blue light affect the perceived sense of coldness. In the *Hot Zone,* black materials and glowing orange-red light increase the feeling of heat.

Gaggenau Presse Event

Im *Bridge Club* unter der London Bridge präsentierte Gaggenau seine Produktneuheiten. Dazu wurden nach Plänen des Münchner Büros eins:33 die großen Gewölbekeller in eine atmosphärisch und räumlich vielschichtige Installation verwandelt. In der „Cool Zone" konnten die Besucher die Kälte der Kühlgeräte, in der „Hot Zone" die Hitze der Backöfen spüren. Zutritt zur „Cool Zone" erhielt der Besucher durch einen gleißend hellen Tunnel, in dem das Gefühl von Kälte durch die Verwendung von weißen Materialien und kühlem blauen Licht unterstützt wurde. In der „Hot Zone" verstärkten hingegen schwarze Materialien und glühendes orange-rotes Licht das Empfinden von Hitze.

Gaggenau Presse Event

La société Gaggenau a présenté sa nouvelle gamme de produits dans le *Bridge Club* situé sous le London Bridge. Les caves voûtées ont été, sous l'égide de l'agence munichoise eins:33, aménagées pour créer des espaces divers et des atmosphères différentes. Les visiteurs pouvaient, dans la « Cool Zone », sentir le froid des réfrigérateurs et dans la « Hot Zone », la chaleur des fours. Pour accéder à la « Cool Zone », il fallait emprunter un tunnel aux parois claires et luisantes. La sensation de froid y était reproduite grâce à l'utilisation de matériaux blancs et d'un éclairage bleuté. Dans la « Hot Zone », ce sont des matériaux noirs et une lumière rougeoyante qui donnaient une impression de chaleur.

Fuchs, Wacker Architekten

Haus Broll

Haus Broll is idyllically close to Ludwigsburg, Germany. The façade of the three-story building seems extraordinarily spacious. Building-high glass surfaces and almost frameless window hinges that sometimes encompass entire corners lighten up the density of the completely whitewashed plaster surfaces and the protruding and retracted elements. Once darkness sets, the principles of the composition become yet even more pronounced. The consciously directed light focal points emphasize the exciting exchange between closed and open façade elements. This is also apparent with the window hinges; the embedded ceiling lights make their form stand out. The utility service shaft is closed to the entrance hall and is highlighted in all its verticality by the side-lit windows.

Haus Broll

Das Haus Broll liegt idyllisch in der Nähe von Ludwigsburg. Die Fassade des dreistöckigen Gebäudes wirkt ausgesprochen großzügig. Gebäudehohe Glasflächen oder über Eck laufende, fast rahmenlose Fensterbänder lockern das Gefüge der durchweg weiß verputzten Flächen und ihrer Vor- und Rücksprünge auf. Bei Dunkelheit treten die Kompositionsprinzipien noch deutlicher hervor. Die bewusst eingesetzten Lichtpunkte inszenieren die spannungsvollen Wechsel zwischen geschlossenen und offenen Fassadenelementen. So werden die Fensterbänder in ihrer Form durch in die Decke eingelassene Leuchten stärker betont. Der zum Eingang geschlossene Erschließungskern wird durch die seitlich beleuchteten Fenster in seiner Vertikalität hervorgehoben.

Maison Broll

La maison Broll s'élève dans un lieu idyllique non loin de Louisbourg, en Allemagne. La façade de cet édifice à trois étages est imposante avec ses parois de verre s'élevant sur l'ensemble de la façade ou ses fenêtres qui, en forme de bandeau, se déploient le long des angles. Ces éléments, qui s'encastrent de différentes manières dans la façade, allègent les surfaces recouvertes de crépi blanc. La composition architecturale est, de nuit, particulièrement évidente. Les foyers de lumière, dont l'emplacement a été choisi avec soin, mettent judicieusement en scène cette alternance entre éléments ouverts et pleins. La forme en bandeau de certaines fenêtres est spécialement mise en valeur par des éclairages installés à même le cadre. La structure verticale de l'entrée est soulignée par les fenêtres éclairées qui la jouxtent.

Subtly nuanced lights and materials are prevalent throughout the house—beige natural stone floor, white walls, and furniture and built-in closets out of darkly stained maple wood. A lot of natural light floods the occasionally room-high windows and highlight the interior.

Im Haus dominieren dezente Farben und Materialien: beiger Natursteinboden, weiße Wände, Möbel und Einbauschränke aus dunkel gebeiztem Ahorn. Durch die teilweise raumhohen Fenster dringt viel natürliches Licht ins Innere und setzt es effektvoll in Szene.

Dans la maison, les couleurs et les matériaux sobres dominent : des sols en pierre naturelle, des murs blancs, des meubles et des encastrements en érable. Les fenêtres, qui sont parfois aussi hautes que les murs, laissent entrer la lumière du jour, laquelle met en scène l'espace intérieur.

fuerrot architekten

geliebt und unvergessen

Memorial Tomb of the 21st century

Classical symbols—soil, water, light, love, faith, hope, eternal life, and resurrection are reinterpreted in the *Memorial tomb of the 21st century* in Vienna, Austria. The highlight of this project is the original back lighting, which is enabled by unique cutting-edge light and control technology. Interactivity, color variety, compact size and flexibility are all characteristics of the elements used, which are highly suitable to execute the manifold creative lighting possibilities of sepulchers and similar structures. Videos and text messages can also be projected onto the backlit glass plate.

Grabdenkmal des 21. Jahrhunderts

Klassische Symbole – Erde, Wasser, Licht, Liebe, Glaube, Hoffnung, ewiges Leben, Auferstehung – werden beim „Grabdenkmal des 21. Jahrhunderts" in Wien neu interpretiert. Bei diesem Projekt besteht der Clou in der originellen Hinterleuchtung, die durch modernste Licht- und Steuerungstechnik ermöglicht wird und in ihrer Art einmalig ist. Mit ihrer Interaktivität, Farbenvielfalt, ihren kompakten Maßen und ihrer Flexibilität sind die verwendeten Bauteile hervorragend geeignet, um verschiedene Möglichkeiten kreativer Anwendungen zur Beleuchtung von Strukturen wie Grabstätten umzusetzen. Darüber hinaus können Videos und Textbotschaften als bewegtes Bild auf die hinterleuchtete Glasplatte projiziert werden.

Tombe du xxie siècle

À Vienne, des symboles traditionnels tels que la terre, le feu, la lumière, l'amour, la foi, l'espoir, la vie éternelle et la résurrection, font l'objet d'une interprétation nouvelle dans le cadre de ce « tombeau du xxie siècle ». L'éclairage est l'élément le plus spectaculaire de ce projet. Des techniques de pointe en matière d'éclairage et de commande ont rendu possible la réalisation de cet ouvrage unique en son genre. En raison de leur flexibilité, de leurs couleurs, de leurs dimensions, les éléments de construction retenus pour ce projet sont particulièrement adaptés à une utilisation créative de la lumière sur une structure telle que cette tombe. Des messages de sympathie peuvent être projetés sur la plaque de verre illuminée de l'intérieur.

Light may be a technological product, yet due to its effect, it is a particularly important element of design. The architectural message, however, greatly determines the design. The electricity supply for the electronic grave lighting comes from solar cells.

Zwar ist Licht ein technisches Produkt, seine Wirkung macht es jedoch zu einem Gestaltungselement von besonderer Bedeutung, wobei die Botschaft der Architektur entscheidend die Planung bestimmt. Die Stromversorgung der Grabbeleuchtung erfolgt durch Solarzellen.

L'éclairage est un produit technologique. Ses effets sont cependant de nature esthétique et essentiels lorsqu'il s'agit de l'aménagement d'un espace, même si les préoccupations architecturales demeurent primordiales. L'énergie nécessaire à l'éclairage de la tombe est solaire.

Fornarina

The interior of the flagship store in London amazes through its technical finesse and the captivating lighting design. Walls and ceilings consist of more than 1,000 backlit asymmetrical moveable elements, which jut outwards in some places, to enable proper display of certain goods. At the same time, they seem to imply separation from the wall so as to create sitting groups and pedestals. When covered in bright light, this malleable membrane creates an impression of spaciousness in a cool-blue atmosphere. Light, directed over the interface, is used as a medial element and represents a powerful tool in structuring the space.

Fornarina

Die Innenausstattung des Flagshipstores in London besticht durch seine technischen Finessen und sein ausgefallenes Lichtdesign. Wände und Decken bestehen aus mehr als 1000 von hinten beleuchteten, asymmetrisch geformten Elementen, die an einigen Stellen für eine effektvolle Präsentation der Waren herausragen. Gleichzeitig scheinen sie sich von der Wand zu trennen, um Sitzgruppen und Podeste zu bilden. Eingetaucht in helles Licht erzeugt diese veränderbare „Membran" einen Eindruck von Weiträumigkeit in einer kühlblauen Atmosphäre. Licht kommt hier als mediales Element zum Einsatz und entfaltet dabei eine große raumbildende Kraft.

Fornarina

À Londres, la décoration intérieure du magasin d'enseigne séduit par la subtilité technique de sa réalisation et par son éclairage au design réussi. Les murs et les plafonds se composent de plus de 1 000 éléments lumineux, asymétriques et mobiles, qui servent de présentoir. Ils semblent parfois se détacher du mur pour former des banquettes. Lorsqu'elle est habillée de lumière claire, cette « membrane » transformable à souhait donne une impression d'espace dans une atmosphère bleutée rafraichissante. Piloté par interface, l'éclairage devient un élément médian et occupe une place centrale dans la décoration de l'espace.

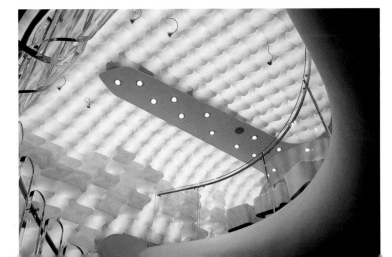

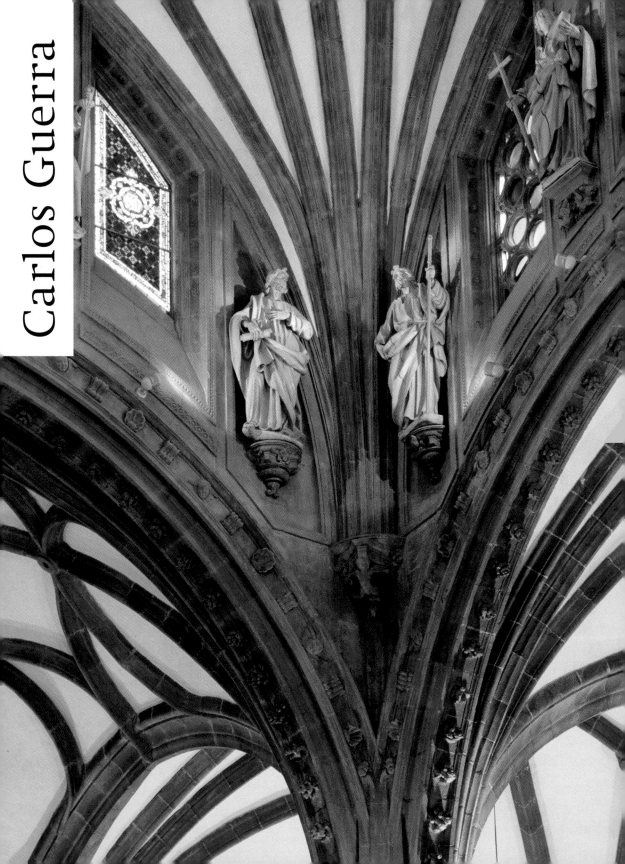

Carlos Guerra

Catedral de Santa Ana

The *Catedral de Santa Ana* (Las Palmas) is one of the oldest historical buildings in Gran Canaria, Spain. Because the foundation stone was laid in 1497, but the construction was spread out over several centuries, it is an awe-inspiring building. Both the interior and the exterior represent the different time periods and styles. The cathedral's first section was in Gothic style. The master builder used elegant columns and vaults to materialize his vision of the transcendence, typical for the time period. Daylight-tinted halogen spotlights emitting natural light underline this impression of floating lightness. The warm, directed light accentuates the plasticity of countless sculptures from the different time periods.

Kathedrale Santa Ana

Die Kathedrale Santa Ana in Las Palmas ist eines der ältesten Baudenkmäler Gran Canarias. Da sich die Bauarbeiten seit der Grundsteinlegung im Jahre 1497 über mehrere Jahrhunderte erstrecken, ist ein einzigartiges Bauwerk entstanden: Innen wie Außen sind die unterschiedlichen Epochen und Stile deutlich abzulesen. Der erste Bauabschnitt vollzog sich im gotischen Stil. Mit grazilen Pfeilern und Gewölben materialisierte der Baumeister seine für diese Epoche typische Vorstellung von Transzendenz. Tageslichtfarbige Halogenstrahler unterstreichen den Eindruck schwebender Leichtigkeit. Das warme Licht akzentuiert die Plastizität der unzähligen Skulpturen aus den verschiedenen Epochen.

Cathédrale de Santa Ana

La cathédrale de Santa Ana (Las Palmas) est l'un des monuments les plus anciens de l'île Grande Canarie. La première pierre a été posée en l'an 1497 et les travaux de construction se sont étendus sur plusieurs siècles, ce qui explique le caractère insolite de l'ouvrage. L'intérieur de l'édifice et la façade reflètent la diversité des époques et des styles. La première phase de construction de la cathédrale s'est effectuée à l'époque gothique. Le maître d'œuvre a matérialisé, au moyen de voûtes et de flèches graciles, la représentation de la transcendance telle qu'on se la figurait à son époque. Des halogènes qui reproduisent la lumière du jour renforcent cette impression de légèreté. Cette lumière chaude, utilisée à bon escient, accentue la plastique des nombreuses sculptures d'époques diverses.

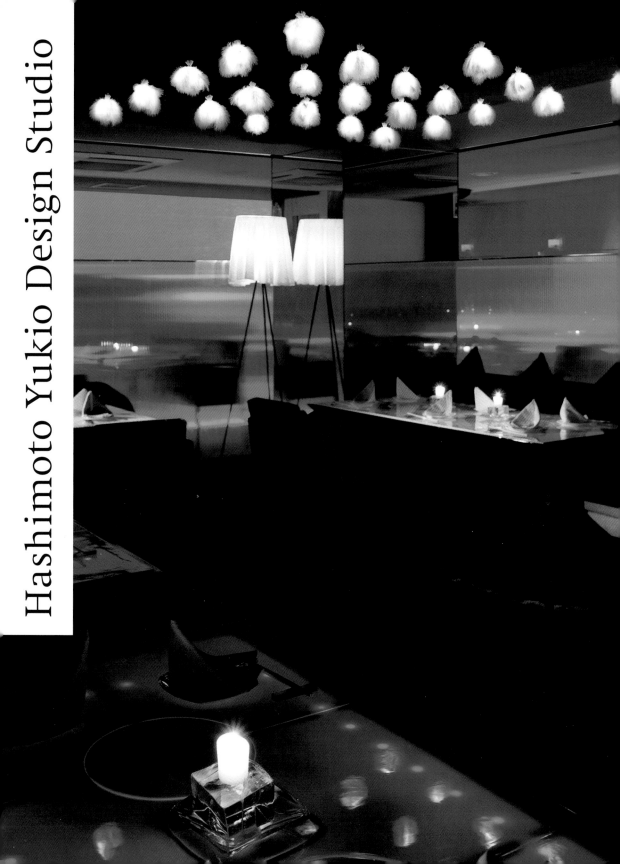

Hashimoto Yukio Design Studio

Maimon Nishiazabu Restaurant

Inspired by the New Yorker *Oyster Bar,* the restaurant *Maimon* in Tokyo also predominantly uses cold materials, such as glass and steel. Everything is bathed in blue light. Visitors thus associate the restaurant and the center block with the sleek inside of a seashell. Consistent use of modern LED lights encourages this impression and contrasts sharply with other areas, which are mainly flooded with warm light. The room offers two zones, a cool zone around the seashell block and a second, warmer lounging zone in the restaurant area.

Maimon Nishiazabu Restaurant

Inspiriert von der New Yorker *Oyster Bar,* herrschen auch im Restaurant *Maimon* in Tokio kalte Materialien wie Glas und Stahl vor und werden in blaues Licht getaucht. Auf diese Weise soll der Besucher beim Besuch des Restaurants den Block in der Mitte des Raumes mit der Innenseite einer Muschel assoziieren. Dies wird durch den konsequenten Einsatz moderner LED-Leuchten verstärkt und steht in Widerspruch zu den anderen Einbauten, die überwiegend in warmes Licht getaucht sind. So bietet der Raum zwei Zonen, eine kühle Zone am Muschelblock und eine zweite, eher loungeartige, warme Zone im Restaurantbereich.

Maimon Nishiazabu Restaurant

La conception du restaurant *Maimon* à Tokyo est inspirée de l'*Oyster Bar* new-yorkais. Ici aussi, des matériaux froids tels que le verre et l'acier dominent cet ensemble pourvu d'un éclairage bleuté. On expérimente ainsi une association sensorielle manifeste entre l'élément central du restaurant, qui forme un bloc et l'intérieur d'un coquillage. Les diodes LED utilisées à bon escient amplifient ce phénomène, en opposition avec l'autre partie du restaurant éclairée dans des tons plus chauds. L'espace est divisé en deux zones : un espace froid à l'intérieur du coquillage et un espace chaleureux qui s'apparente à un salon.

Herzog & de Meuron

Allianz Arena

The Allianz Arena was built by the star architects Herzog & de Meuron for the soccer world championship in 2006 in Munich, Germany, and has since become a true landmark of the city. One reason for this is its exceptional façade. Around 2,800 diamond-shaped pillows filled with pressured air create the outer shell of the arena. Out of an extremely strong special foil, consisting of only 0.008 inches (0.2 mm), these pillows are resistant to heat and cold, flame-retardant, robust and extremely pervious to light. Tube lights placed behind the pillows can be lit in various degrees of intensity in red, white or blue. The outer shell shines far out into the distance and hides the underlying concrete and steel construction. The outer world exists to visitors only through the oval opening in the roof.

Allianz Arena

Für die Fußball-Weltmeisterschaft 2006 wurde in München die Allianz Arena von den Stararchitekten Herzog & de Meuron gebaut und ist seitdem zu einem weiteren Wahrzeichen der Stadt geworden. Verantwortlich dafür ist vor allem die außergewöhnliche Fassade. Rund 2800 rautenförmige, mit Druckluft gefüllte Kissen bilden die Außenhaut der Arena. Sie bestehen aus einer lediglich 0,2 Millimeter starken Spezialfolie, die resistent gegenüber Hitze und Kälte, schwer entflammbar, robust und überdies extrem lichtdurchlässig ist. Leuchtstoffröhren hinter der Fassade können jedes Kissen getrennt wahlweise in Weiß, Blau oder Rot und in mehreren Helligkeitsstufen beleuchten. Die Außenhaut strahlt weithin sichtbar in die Umgebung und verbirgt die dahinter liegende Beton- und Stahlkonstruktion. Für den Besucher existiert die Außenwelt nur noch in Form der ovalen Öffnung im Dach.

Allianz Arena

Ce stade a été créé à l'occasion de la coupe du monde de football de 2006. Conçu par les célèbres architectes Herzog & de Meuron, il est devenu l'un des emblèmes de Munich. L'originalité de sa façade en est la raison principale. 2 800 coussins en forme de losange et gonflés à l'air comprimé composent l'enveloppe extérieure du stade. Ils sont confectionnés à partir d'un matériau de 0,2 millimètre d'épaisseur, résistant à la chaleur et au froid, difficilement inflammable, robuste et laissant passer la lumière. Des néons placés à l'intérieur de la façade peuvent illuminer individuellement chaque coussin, variant l'intensité et les couleurs (blanc, bleu ou rouge). Visible de loin, l'enveloppe extérieure rayonne sur le voisinage et recouvre la structure de béton et d'acier. À l'intérieur du stade, seule l'ouverture ovale du toit relie le visiteur au monde extérieur.

The entire façade of the stadium, which has been likened to a birds' nest and also a rubber boat, can be illuminated with tube lights. White is for the national team's games, red for those of *Bayern München* and blue for those of *TSV 1860 München*.

Die gesamte Fassade des Stadions, dessen Spitznamen von Vogelnest bis Gummiboot reichen, kann durch Leuchtstoffröhren illuminiert werden. Dabei steht Weiß für die Spiele der Nationalmannschaft, Rot für die Spiele von Bayern München und Blau für die des TSV 1860 München.

Un système de néons permet d'illuminer l'ensemble de cette façade à laquelle nombre de surnoms sont attribués, de « nid d'oiseau » à « bateau pneumatique ». L'éclairage blanc est utilisé pour les matchs de l'équipe de football nationale, le rouge pour ceux du Bayern Munich et le bleu lors des rencontres du TSV 1860 Munich.

Steven Holl, Franz Sam, Irene Ott-Reinisch

Loisium

In one of the oldest wine regions of lower Austria, Langenlois, several families got together to bring the world of wine closer to wine aficionados and visitors. American architect Steven Holl designed an unusual visitors' center for this very purpose. Strips and corners seem to have been randomly cut out of the aluminum shell of the silver-colored cube. Green glass was inserted in these openings creating an exciting game between light and shadow in the interior. One of the building's highlights is the 900-year-old vaulted cellar. An elevator, shaped like a wine press, takes the visitors to the spectacularly lit vault. During tours, light effects, slide projections and suitable music help the fermentation process become tangible.

Loisium

In einer der ältesten Weinanbaugebiete Niederösterreichs, Langenlois, haben sich mehrere Familien zusammengeschlossen, um Weinliebhabern und Besuchern die Welt des Weins näher zu bringen. Der amerikanische Architekt Steven Holl entwarf für diesen Zweck ein ungewöhnliches Besucherzentrum. Aus der Aluminiumhülle des silberfarbenen Kubus scheinen willkürlich Streifen und Ecken herausgeschnitten zu sein. Diese mit grünem Glas hinterlegten Öffnungen produzieren ein spannungsvolles Spiel zwischen Licht und Schatten im Inneren. Besonderes Highlight der Anlage sind die 900 Jahre alten Gewölbekeller. Über einen Lift, der wie eine Weinpresse gestaltet ist, gelangen die Besucher in die kunstvoll ausgeleuchteten Keller. Bei einem Rundgang wird mit Projektionen und Lichteffekten sowie einer intensiven Musik der Gärprozess erlebbar gemacht.

Loisium

À Langenlois, dans l'un des vignobles les plus anciens de la Basse-Autriche, des familles se sont associées afin de rendre le monde de la vigne et du vin plus accessible à tous en créant un lieu qui lui soit consacré. L'architecte américain Steven Holl a réalisé à cette fin un édifice exceptionnel : un cube en aluminium de couleur argent dont les coins et les parois semblent avoir subi un découpage farfelu. Les ouvertures qui en résultent ont été protégées par des vitres de couleur verte, ce qui, à l'intérieur du bâtiment, crée un jeu d'ombre et de lumière particulièrement intéressant. Les caves vieilles de 900 ans sont la plus grande attraction de ce site. Le visiteur pénètre dans ces caves éclairées avec le plus grand soin par un ascenseur conçu comme une référence à la presse à vin. Un parcours, composé de projections, d'effets de lumière et de musique, met en scène le processus de la fermentation.

Patrick Jouin

Bar Plaza Athénée

Renowned French designer Patrick Jouin added contemporary flair to the bar in the time-honored Parisian hotel *Plaza Athénée*. Jouin succeeded in uniting classical elements with contemporary design. The room was first separated in two zones. Small chandeliers out of Murano glass light the first area, leading to the focal point—the blue-lit bar, shaped like a gigantic ice cube. A cylinder-shaped lighting object illuminates the second area and dips it in diffuse light. Slow color changes from the retracted ceiling lights create varied moods.

Bar Plaza Athénée

Die Bar im altehrwürdigen Pariser Hotel *Plaza Athénée* erhielt durch den Entwurf des französischen Stardesigners Patrick Jouin ein zeitgemäßes Ambiente. Jouin schuf eine gelungene Kombination aus modernem Design und klassischen Elementen. Zunächst teilte er den Raum in zwei Zonen. Kleine Kristalllüster aus Muranoglas erleuchten den ersten Bereich. Den Mittelpunkt bildet eine bläulich illuminierte Bar, die wie ein riesiger Eiswürfel geformt ist. Ein zylinderförmiges Leuchtobjekt erhellt den zweiten Raum und taucht ihn in diffuses Licht. Langsame Farbwechsel der eingezogenen Lichtdecke sorgen für abwechslungsreiche Stimmungen.

Bar du Plaza Athénée

Le célèbre designer français Patrick Jouin a su donner au bar de ce grand hôtel parisien des accents contemporains. La synthèse effectuée entre les éléments design et les composantes classiques est une réussite. L'espace a été dans un premier temps divisé pour créer deux zones distinctes. La première est éclairée de petits lustres en cristal de Murano et le bar, qui tel un énorme glaçon est illuminé de reflets bleutés, en est l'élément central. Un luminaire de forme cylindrique diffuse dans le second espace une lumière tamisée. Des plafonniers créent une atmosphère changeante grâce à de lentes variations de couleurs.

The lounge is dominated by large leather chairs, a wood-paneled, historical wall cladding and subtly illuminated landscape paintings from the 17th century.

Die Lounge wird beherrscht von großen Ledersesseln, einer holzvertäfelten, historischen Wandverkleidung und dezent beleuchteten Landschaftsmalereien aus dem 17. Jahrhundert.

L'espace lounge associe de confortables fauteuils en cuir et une décoration murale « d'époque » faite de panneaux de bois et de paysages du xviie siècle à l'éclairage discret mais à la mise en scène savante.

Chlösterli Hotel

Chlösterli, in Gstaad looks back on a long history. Built by monks in the early 18th century, it is the oldest castle chalet in Switzerland. In 2003, the historic building was extensively restored and transformed into a restaurant by Patrick Jouin. He succeeded in maintaining the house's charm all the while merging traditional and contemporary elements. The chalet is divided into two parts by a 19-feet (6 meters) high, backlit glass wall, which contains a superb wine collection. In the first, a kitchen and two restaurants can be found and in the second, a bar and a club. Guests can enjoy a further visual treat outside, namely multilevel terraces with the Swiss mountains as a backdrop. Out of a variety of wood panels, some walls permit a breathtaking view over the Swiss landscape, while others feature bands of light. The floor of the chalet offers a special surprise—irregularly shaped stones light up when stepped on.

Chlösterli Hotel

Das *Chlösterli* in Gstaad hat eine lange Geschichte: Das älteste Berg-Chalet der Schweiz wurde Anfang des 18. Jahrhunderts von Mönchen erbaut. 2003 wurde das historische Gebäude restauriert und von Patrick Jouin zu einem Restaurant umgebaut. Dieser schafft es, den Charme des Hauses zu erhalten und traditionelle Motive auf moderne Weise zu interpretieren. Eine sechs Meter hohe gläserne, beleuchtete Wand, die eine einmalige Weinsammlung beherbergt, teilt das Chalet in zwei Teile. Auf der einen Seite befinden sich die Küche und zwei Restaurants, auf der anderen Seite eine Diskothek und eine Bar. Der Außenbereich bietet den Gästen ein weiteres Highlight. Vor der Kulisse der Schweizer Berge befinden sich Terrassen auf mehreren Ebenen. Wände aus unterschiedlichen Holzlatten lassen Ausblicke zu oder werden durch Leuchtbänder erhellt. Der Boden des Chalets birgt etwas ganz Besonderes: Unregelmäßig geformte Steine beginnen zu leuchten, sobald sie betreten werden.

Chlösterli Hôtel

À Gstaad, le *Chlösterli* a une longue histoire. Le plus ancien chalet de montagne de Suisse a en effet été construit par des moines au début du XVIIIe siècle. Cette bâtisse historique a été restaurée en 2003 et transformée en restaurant sous l'égide de Patrick Jouin. Ce dernier s'est employé à restituer le charme de cet endroit en interprétant toutefois des éléments traditionnels de manière moderne. Une paroi de verre, lumineuse et haute de 6 mètres, divise l'espace. Elle abrite en son sein une extraordinaire cave à vin. Les cuisines et les deux restaurants se situent d'un côté de cette paroi. De l'autre, on découvre une discothèque et un bar. Les extérieurs du chalet sont tout aussi spectaculaires. Dans un décor grandiose, celui des montagnes suisses, des terrasses s'étendent sur plusieurs niveaux. Des parois faites de lames de bois divers masquent certaines perspectives, ou sont éclairées de bandes lumineuses. Les sols du chalet retiennent tout particulièrement l'attention : des dalles aux contours irréguliers s'illuminent lorsqu'on les foule.

The Dancing-Club's design is highly innovative. Fluorescent mosaics from old slate stone make up the dance floor. The elaborate light concept changes to the rhythm of the beat. Wooden bales of straw serve as a seating area and crystallized quartz twinkles on small wooden bucket tables.

Die Gestaltung des Dancing-Clubs ist einfallsreich: Getanzt wird auf fluoreszierenden Mosaiken aus altem Schiefer. Das aufwendige Lichtkonzept wechselt im Takt der Musik. Strohballen aus Holz dienen als Sitzgelegenheit und auf kleinen Tischen in Form von Melkeimer aus Holz leuchten echte Bergkristalle.

La conception de l'espace nightclub est pleine d'ingéniosité. Très étudié, l'éclairage change au rythme de la musique. Des balles de foin réalisées en bois composent des tabourets originaux. Du cristal de montagne scintille sur les petites tables en forme de sceau.

k/h Büro für Innenarchitektur und Design

Hotel Bayerpost

The hotel *Bayerpost* is in a historical building—the former *Royal Post Office* from 1896. The contemporary interior architecture is mainly marked by the use of materials and light. Guests enter the hotel through the bright daylight entrance and arrive at the rather dark reception only to then be captivated by the color-changing light sculpture in the middle foyer. This light wall connects four floors and consists of individual cells. Each of these cells is furnished with controllable RGB-light elements and can be flooded in various light and color moods. Behind the light wall, visitors gaze up at the 59 feet (18 m) high plenum under the registered glass roof.

Hotel Bayerpost

Das Hotel *Bayerpost* befindet sich in einem historischen Bau, dem ehemaligen Königlichen Hauptpostamt aus dem Jahre 1896. Geprägt wird die zeitgenössische Innenarchitektur im Wesentlichen durch die Materialien und das Licht. Der Gast betritt das Hotel über einen tageslichthellen Eingang, gelangt zur eher dunkel gehaltenen Rezeption und wird daraufhin geradezu magisch von einer Lichtskulptur im mittleren Foyer angezogen, deren Farben ständig wechseln. Diese Lichtwand verbindet vier Geschosse und besteht aus einzelnen Zellen, von denen jede mit steuerbaren RGB-Lichtelementen ausgestattet ist und somit in verschiedene Licht- und Farbstimmungen getaucht werden kann. Dahinter öffnet sich ein 18 Meter hoher Luftraum bis unter das denkmalgeschützte Glasdach.

Hôtel Bayerpost

À Munich, l'hôtel *Bayerpost* occupe un édifice historique : l'ancien bureau des postes royales, datant de 1896. Les matériaux et les éclairages sont les éléments clés de l'architecture intérieure de facture contemporaine. On accède à l'hôtel par une entrée lumineuse, tandis que la réception est plutôt sombre. Au milieu du hall, une installation, dont les effets de lumière et de couleurs varient, retient irrésistiblement l'attention. Ce mur de lumière s'élève sur quatre étages et se compose d'éléments individuels, qui sont chacun équipés d'un système RVB et peuvent ainsi changer de couleur et d'intensité. Derrière cette paroi, le visiteur découvre un espace haut de 18 mètres, fermé par une verrière répondant aux normes de conservation du patrimoine historique.

Classic furniture, discrete materials and colors offer the perfect backdrop for light shows. Large ceiling lights and backlit wall elements lighten the long, extended lounge. Behind the stairs, which lead guests to a surrounding gallery, there is a light wall with large-sized transparent elements that can be illuminated in different colors.

Die klassischen Möbel, diskreten Materialien und Farben bieten die perfekte Kulisse für Lichtinszenierungen. Große Deckenleuchten und hinterleuchtete Wandelemente erhellen die Lounge. Hinter der Treppe, die auf eine Galerie führt, befindet sich eine Lichtwand aus transparenten Elementen, die in verschiedenen Farben beleuchtet werden kann.

Le mobilier classique, les matériaux sobres et la palette chromatique créent des conditions parfaites pour l'éclairage. De grands plafonniers et des appliques murales éclairent les salons. Derrière l'escalier qui conduit à une galerie, on peut admirer une installation composée d'éléments transparents qui peuvent être illuminés de différentes couleurs.

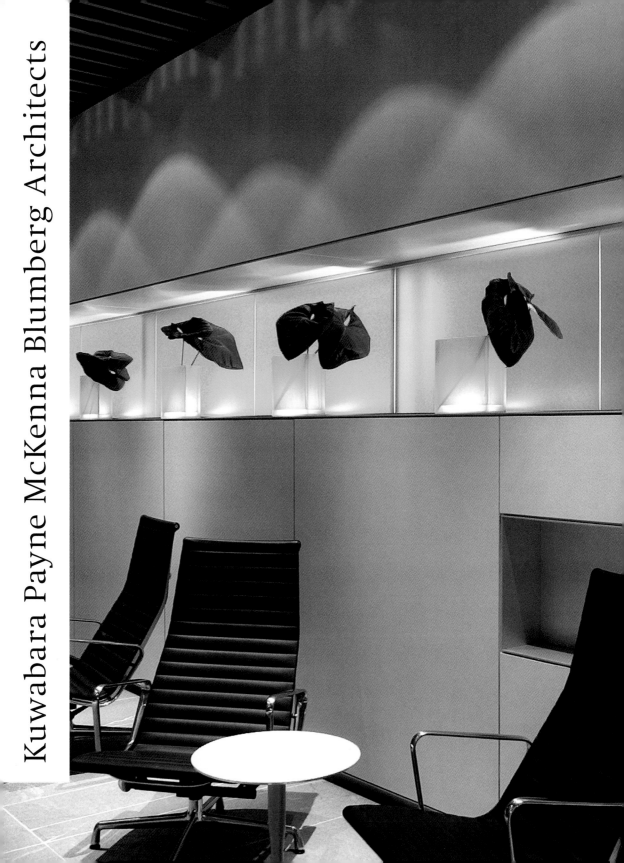

Kuwabara Payne McKenna Blumberg Architects

Star Alliance Lounge

The Canadian architectural office KPMB received the project to design a lounge concept for the Star Alliance Group. The prototype of this design can be found in the Zurich airport in Switzerland. The planner was inspired by the notion of an urban garden, which offers a warm and relaxing atmosphere. A wall out of wood paneling separates the reception, with its lit information desk, from the lounge. The true core can be found in the middle—a slightly elevated pavilion, embedded in elegant wood paneling, which permits exciting light games. A blue-lit bar shines on the edge of the pedestals. Sitting groups around the pavilion offer an elegant mix of classical and contemporary furniture design.

Star Alliance Lounge

Das Kanadische Architektur-büro KPMB erhielt die Aufgabe, ein Lounge-Konzept für die Star Alliance Gruppe zu entwerfen. Der Prototyp dieses Entwurfs befindet sich heute im Züricher Flughafen. Inspiriert hat die Planer die Idee eines urbanen Gartens, der eine warme und entspannte Atmosphäre bieten soll. Eine Wand aus Holz-lamellen trennt die Rezeption mit ihrem beleuchteten Tresen von der Lounge. In deren Mitte befindet sich das eigentliche Herzstück: Ein leicht erhöhter Pavillon, einge-fasst von eleganten Holzlamellen, die spannende Lichtspiele zulas-sen. Am Rand des Podests erstrahlt die blau hinterleuchtete Bar. Um den Pavillon herum befinden sich die Sitzgruppen mit ihrem ele-ganten Mix aus klassischem und zeitgenössischem Möbeldesign.

Star Alliance Lounge

Le bureau d'architectes canadien KPMB a conçu, à la demande du groupe Star Alliance, un espace lounge pour cette société. Son prototype se trouve à présent dans l'aéroport de Zurich. Les architec-tes se sont inspirés du thème du jardin urbain, lequel doit créer une atmosphère chaleureuse et détendue. Une paroi, réalisée à l'aide de lamelles de bois, sépare l'espace réception et son comptoir éclairé de l'espace salon propre-ment dit. La pièce maîtresse de cette réalisation se trouve au centre du lounge : un pavillon légèrement surélevé et habillé de fines lamelles de bois, lesquel-les produisent de surprenants effets de lumière. Sur le devant de l'estrade, le bar bleu, dont le comptoir est éclairé, domine l'espace. Des fauteuils et des tables sont disposés autour du pavillon et composent un élégant mélange de mobilier classique et de design contemporain.

Eric Kuster

Jimmy Woo

Jimmy Woo is one of Amsterdam's hippest clubs. Inspired by the opium dens of Hong Kong in the 1950s, the black and red interior creates a seductively dark atmosphere. Light is used to evoke specific moods and separate different areas. The club comprises two floors. Clubbers can relax on the large cushions on the upper floor where dark Asian wooden furniture contrasts nicely to the backlit glass floors. The lower floor is the dance floor where thousands of tiny light bulbs on the ceiling create a dazzling atmosphere.

Jimmy Woo

Das *Jimmy Woo* in Amsterdam ist einer der aufsehenerregendsten Clubs der Stadt. Vorbild für die Einrichtung waren die Opiumhöhlen der 1950er Jahre in Hongkong. Die vorherrschenden Farben Schwarz und Rot verleihen den Räumlichkeiten eine geheimnisvoll düstere Atmosphäre. Das Licht fungiert hier als Stimmungsmacher und unterteilt die einzelnen Bereiche. Der Club erstreckt sich über zwei Etagen. Im Obergeschoss kann sich der Gast auf den großen Polstern sitzend oder liegend entspannen; dunkle, asiatische Holzmöbel stehen dabei in einem stimmungsvollen Kontrast zu den hinterleuchteten Glasböden. Im Untergeschoss befindet sich die Tanzfläche. Tausende kleiner Glühbirnen an der Decke sorgen hier für ein schillerndes Ambiente.

Jimmy Woo

À Amsterdam, le *Jimmy Woo* est l'un des night-clubs les plus branchés de la ville. Les bars à opium du Hong-Kong des années 1950 ont servi d'inspiration pour la décoration intérieure. Le noir et le rouge sont les couleurs dominantes, qui confèrent aux espaces une atmosphère à la fois obscure et clandestine. L'éclairage participe de manière essentielle à la création de cette ambiance et caractérise les différents espaces. Le club est sur deux étages. Le client peut à l'étage supérieur se détendre sur de grands canapés ; des meubles en bois sombre de facture asiatique contrastent avec les sols en verre éclairés, donnant à l'espace son caractère. La piste de danse est à l'étage inférieur. Au plafond, des milliers de petites ampoules créent une vision unique en son genre.

Licht Kunst Licht

Parking Garage

In northern Basel, Switzerland, on the former production sites of the pharmaceuticals group Novartis, a modern research campus is in the process of being built. The project planning for these extensive changes was given to Vittorio Magnago Lampugnani, who is supported by a team of renowned experts on landscape architecture, art, lighting and graphic design. In order to bring out the best of the hitherto ignored parking garage, the acclaimed lighting design office 'Licht Kunst Licht' took charge. Light colors and intense light increase the perceived height of the low parking spots, making them more attractive. The pillars' crimson base reinforces this impression. Cool white light from the utility service shafts evokes associations of daylight and shows the relationship to the exterior.

Tiefgarage

Im Norden von Basel entsteht auf dem Gelände der ehemaligen Produktionsstätten des Chemiekonzerns Novartis ein moderner Forschungscampus. Die Projektplanung dieser umfassenden Veränderungen hat Vittorio Magnago Lampugnani inne, der von einem Team namhafter Landschaftsarchitekten, Künstler, Grafiker und Lichtdesigner unterstützt wird. Um die meist stiefmütterlich behandelte Tiefgarage ins richtige Licht zu rücken, wurde das renommierte Büro für Lichtplanung „Licht Kunst Licht" hinzugezogen. Helle Farben und intensives Licht lassen die niedrigen Parkräume visuell höher und angenehmer erscheinen. Der dunkelrote Sockel der Säulen verstärkt diesen Eindruck. Das kaltweiße Licht der Erschließungskerne assoziiert Tageslicht und bildet den Bezug zum Außenraum.

Garage souterrain

Au nord de Bâle, sur le site d'un ancien complexe industriel, un centre de recherches est en cours d'élaboration sous l'égide de Novartis. Vittorio Magnago Lampugnani, chargé de la conception de ce projet, s'est entouré d'une équipe de spécialistes de renom dans des domaines tels que le paysagisme, l'art, l'éclairage et le design graphique. L'agence « Licht Kunst Licht », réputée pour ses éclairages, a eu pour mission de mettre en valeur le parking souterrain. Des couleurs claires et une intense luminosité contribuent à surélever visuellement les plafonds généralement bas et à réchauffer l'espace. Le socle des piliers, peint en rouge foncé, vient renforcer cette impression. La lumière blanche et froide des ouvertures, associée à la lumière naturelle, crée un dialogue avec les espaces extérieurs.

The champagne-colored premium steel panels indicate the traffic direction with non-reflecting LED sidelights.

Die champagnerfarbenen Edelstahlpaneele werden in Fahrtrichtung blendfrei mit LED-Streiflicht inszeniert.

Les panneaux en acier champagne sont, dans le sens de la conduite, décorés au moyen de faisceaux de lumière LED non réfléchissante.

In contrast to the different shades of white, the guidance system is an intense shade of red.

Als Kontrast zu den verschiedenen Weißtönen hebt sich das Leitsystem in leuchtendem Rot ab.

Contrastant avec la palette des blancs, la signalétique est d'un rouge éclatant.

Ruhrmuseum at the Coking Plant

With a variety of cultural activities in the past years, the *Zeche Zollverein* in Essen, Germany has established an international reputation for itself. An additional museum has been recently added—the Ruhrmuseum at the former coking plant, which shows the history of the mining area. Because the building and surroundings are listed on a historic register, Dutch architect Rem Koolhaas from 'Licht Kunst Licht' designed an exceptional lighting concept to ensure they were given the appropriate attention. A particularly unique form of lighting was chosen for the impressive main stairwell. Instead of directing the light to the ceilings and walls, only the handrails and stairs are illuminated thus evoking flowing steel. The surrounding room can be used for large-scale video showings as the tube lights can be regulated.

Ruhrmuseum in der Kohlenwäsche

Die Zeche Zollverein in Essen hat sich mit ihrem vielfältigen kulturellen Angebot in den letzten Jahren weltweit einen Namen gemacht. Jetzt ist ein weiteres Highlight hinzugekommen: Das Ruhrmuseum in der ehemaligen Kohlenwäsche zeigt die Geschichte des Reviers. Um das denkmalgeschützte Gebäude und die Umbauten des niederländischen Architekten Rem Koolhaas ins richtige Licht zu rücken, entwickelte „Licht Kunst Licht" ein außergewöhnliches Beleuchtungskonzept. Für die eindrucksvolle Haupttreppe wurde eine besondere Art der Ausleuchtung gewählt. Anstatt Decken und Wände zu beleuchten, werden hier ausschließlich die Handläufe und Stufen illuminiert und erinnern so an fließenden Stahl. Da die eingesetzten Leuchtstoffröhren regulierbar sind, kann der umgebende Raum auch für großflächige Videobespielungen genutzt werden.

Musée de la Ruhr dans la cokerie

La *Zeche Zollverein* à Essen, en Allemagne, s'est forgé depuis quelques années une solide réputation en multipliant les manifestations culturelles. Un nouveau musée vient enrichir cette action. Le musée de la Ruhr présente dans l'ancienne cokerie l'histoire de la région. Ce bâtiment industriel, soumis aux règles de conservation du patrimoine historique, a ainsi fait l'objet d'une reconversion sous l'égide de l'architecte néerlandais Rem Koolhaas. L'agence « Licht Kunst Licht » a conçu un éclairage propre à mettre en valeur les modifications architecturales. L'escalier gigantesque en particulier sert de support à une mise en scène originale. Les murs et les plafonds sont exempts de lumière. Seules la rampe et les marches sont illuminées, produisant un effet de coulée de métal rougeoyante. On peut varier la luminosité des néons utilisés. Ainsi, cet espace peut également servir à la projection de vidéos sur des surfaces de grandes dimensions.

The renovated coking plant merges historically registered structure with a contemporary interior, yielding charming, and sometimes even radical contrasts, such as the recently renovated bright orange stairwell.

In der umgestalteten Kohlenwäsche bilden denkmalgeschützter Bestand und moderne Einbauten reizvolle, manchmal schroffe Kontraste – wie zum Beispiel das leuchtend orange Treppenhaus.

Dans cette ancienne cokerie, le bâti historique et les aménagements modernes offrent parfois de surprenants contrastes. La mise en scène de l'escalier, d'un rouge orangé intense, en est un exemple.

Subtly placed sources of light are situated where they will enhance the rooms' impressive effect.

Subtil und gezielt eingesetzte Leuchtquellen lassen die Räume noch eindrucksvoller erscheinen.

Les subtils effets des foyers de lumière mettent en valeur les espaces.

The undirected cold white light of the tube lights draws attention to the walls' patina.

Das ungerichtete kaltweiße Licht der Leuchtstofflampen hebt die Patina der Wände hervor.

La lumière blanche des néons souligne l'aspect patiné des murs.

Uniqa Tower

The headquarters of Austrian insurance company Uniqa in Vienna is one of the most interesting buildings in Europe, both from an architectural and a technical point of view. The outer glass layer of the double skin façade functions as a mirror, blocking the view to the interior. After sunset, however, the façade begins to glow thanks to a unique LED light installation. The planners from 'Licht Kunst Licht' had video image point profiles built between the double skin façade. A total of 182,000 individually directed image points allow all kinds of digital shows. By playing a variety of diverse motive sequences, a dynamic interaction of light and building shape takes place on the over 23,000 square feet (7,000 square meters) large façade surface of the office tower.

Uniqa Tower

Die Konzernzentrale der österreichischen Versicherung Uniqa in Wien gilt als eines der architektonisch wie auch technisch interessantesten Bürogebäude Europas. Die äußere Glashaut der Doppelglasfassade wirkt wie ein Spiegel und lässt keine Einblicke ins Innere zu. Nachts allerdings beginnt die Fassade dank einer einzigartigen LED-Lichtinstallation zu leuchten. Die Planer von „Licht Kunst Licht" ließen innerhalb des Fassadenzwischenraums Videobildpunktprofile einbauen. Insgesamt 182.000 einzeln ansteuerbare Bildpunkte lassen jede Art der digitalen Bespielung zu. Durch den Ablauf unterschiedlicher Motiv-Sequenzen entsteht auf der mehr als 7000 Quadratmeter großen Fassadenfläche des Büroturms ein dynamisches Miteinander von Licht und Gebäudeform.

Tour Uniqa

Situé à Vienne, le siège social d'Uniqa, une compagnie d'assurances autrichienne, est, du point de vue architectonique et technique, considéré comme l'un des immeubles de bureaux les plus intéressants d'Europe. La façade en verre à double vitrage fait l'effet d'un miroir qui préserve des regards indiscrets. Une installation originale, réalisée au moyen d'un éclairage LED, illumine la façade de nuit. Les designers de l'agence « Licht Kunst Licht » ont intégré des points d'image vidéo dans l'espace compris entre les deux vitrages. Les 182 000 points ainsi créés permettent une utilisation numérique multiple. La projection d'impressions variées sur les 7 000 mètres carrés de la façade produit une association dynamique entre la lumière et les volumes de l'édifice.

The company's blue logo flows around the tower built by the Viennese architects Neumann & Partner.

Das blaue Firmenlogo bewegt sich fließend um den Turm der Wiener Architekten Neumann & Partner.

Le logo bleu de la société Uniqa fait le tour de cet immeuble conçu par les architectes viennois Neumann & Partner.

The 246 feet (75 meters) high tower is in central Vienna, representing an optical focal point in proximity to the Urania observatory, the Donaukanal and the Ringstraße.

Der 75 Meter hohe Tower liegt inmitten Wiens, ein optischer Blickfang in unmittelbarer Nähe zu Urania, Donaukanal und Ringstraße.

L'édifice, haut de 75 mètres, est situé en plein cœur de Vienne, à proximité du Ring, du Donaukanal et de l'Urania.

luna.lichtarchitektur

Modern Literature Museum

Taking on the project of the Modern Literature Museum in Marbach, Germany, David Chipperfield needed to add a functional new building to a disparate ensemble of already existing buildings, of which the temple-like Schiller National Museum remains the most distinctive. One planning issue was how to illuminate a museum that is exclusively dedicated to the presentation of historically important manuscripts, fragile documents, bibliophile treasures and rare book covers. The extremely light-sensitive literary documents cannot support more than 50 lux. This new building has tripled the exhibition surface in Marbach, even though not a single square foot of the surface was used to hang the documents from the wood-paneled walls. Instead, the museum designers and light planners found an esthetical and functional solution to the light issue with hanging displays, presentation tables and glass showcases, where LED light is integrated.

Literaturmuseum der Moderne

Mit dem Literaturmuseum der Moderne in Marbach von David Chipperfield galt es einen funktionalen Neubau in ein disparates Ensemble von bestehenden Gebäuden einzufügen, von denen das tempelartige Schiller-Nationalmuseum den markantesten Akzent setzt. Planerisch galt es eine Antwort auf die Frage zu finden, wie ein Museum zu beleuchten sei, das ausschließlich der Präsentation von bedeutenden Manuskripten, fragilen Schriftstücken, bibliophilen Kostbarkeiten und seltenen Einbänden dient. Die überaus lichtempfindlichen Exponate vertragen nicht mehr als 50 Lux. Mit dem Neubau hat sich die Ausstellungsfläche in Marbach beinahe verdreifacht, indessen ist kein Quadratmeter Hängefläche hinzugekommen, die holzverkleideten Wände sind dafür nicht vorgesehen. Daher haben die Museumsgestalter und Lichtplaner für die Hängedisplays, Präsentationstische und Vitrinen eine ästhetische und funktionale überzeugende Lösung entworfen, in der LED-Licht integriert ist.

Musée de la Littérature du XXe siècle

Œuvre de David Chipperfield, le bâtiment nouvellement créé pour accueillir le musée de la Littérature du XXe siècle à Marbach, en Allemagne, s'insère dans un ensemble architectural disparate, dominé par l'édifice en forme de temple abritant le musée national consacré à Schiller. Au niveau conceptuel, il a fallu résoudre la question suivante : quel éclairage adopter dans un musée présentant presque exclusivement des pièces se rapportant à l'écrit – manuscrits, correspondances, éditions rares et autres curiosités de bibliophile ? Ces pièces, très sensibles à la luminosité, ne doivent pas être soumises à plus de 50 lx. L'espace d'exposition à Marbach a presque triplé avec la construction du nouvel édifice. Les parois en bois n'ont cependant pas été conçues comme des surfaces de présentation. L'équipe en charge de la scénographie a su trouver des solutions fonctionnelles et esthétiques en intégrant, au sein des vitrines, des panneaux et autres accessoires d'exposition, des sources de lumière LED.

Thanks to modern technology, lighting systems that do not emit heat nor spoil the displayed items with light rays can be integrated. Artificial light can thus be used in a subtle, functional, yet also exciting manner.

Dank modernster Technik lassen sich Leuchten integrieren, die mit ihrem Licht weder die Exponate angreifen noch Wärme produzieren. So kann das notwendige Kunstlicht zurückhaltend, zweckmäßig und auch spannungsreich eingesetzt werden.

Les techniques modernes permettent d'utiliser des éclairages respectueux des pièces présentées, et qui ne produisent pas de chaleur. Cette lumière artificielle peut ainsi servir les effets de scénographie.

Pedestrian Underpass

Pedestrian underpasses are usually dark, discomfiting places. The new pedestrian underpass at the train station in Bad Hersfeld, Germany, is an exception—a spacious, color-filled area has been developed here. The main goal of the renovation project was to create a friendly reception for visitors and a suitable introduction to the city. Reminiscent of the annual theater weeks, an unusual light installation was built using motives from music and theater. The concept comprises a dynamically led show of colored lights and mural art. Color-dynamic LED modules enliven the opposing mural graphics. Walking through the pedestrian underpass is akin to a theatrical performance.

Unterführung

Fußgängerunterführungen sind meist dunkle, unangenehme Orte. Nicht so die neue Unterführung am Bahnhof in Bad Hersfeld. Hier entstand ein farbenprächtiger, hell erleuchteter Raum. Aufgabe der Neugestaltung war es, einen freundlichen Empfang für Besucher und eine angemessene Einstimmung auf die Stadt zu schaffen. In Anlehnung an die jährlich stattfindenden Theaterwochen wurden Motive aus Musik und Theater mit Hilfe einer ungewöhnlichen Lichtinstallation in Szene gesetzt. Das Konzept beinhaltet ein dynamisch gesteuertes Zusammenspiel von farbigem Licht und künstlerischer Wandgestaltung. Farbdynamische LED-Module erwecken die gegenüberliegende Wandgrafik zu eigenem Leben. Der Gang durch die Unterführung wird zu einer Art Bühnenerlebnis.

Passage souterrain

Les passages souterrains sont en général des lieux sombres et peu appréciés. Récemment rénové, le souterrain de la gare de Bad Hersfeld, en Allemagne, est plus agréable. Cet espace est en effet lumineux et très coloré. On a souhaité créer une atmosphère accueillante pour les hôtes de passage, en harmonie avec la ville de Bad Hersfeld. Des références visuelles au festival de théâtre annuel qui s'y déroule décorent cet endroit. Ces impressions graphiques font l'objet d'une mise en scène originale grâce à des effets de lumière très étudiés. La conception graphique et l'éclairage coloré créent un ensemble dynamique. Les éléments LED donnent vie aux motifs représentés. En empruntant le passage, on a l'impression d'assister à un spectacle.

Marc Nelson licht design

Spielbudenplatz

For a long time, the *Spielbudenplatz* in central Hamburg center was fallow terrain. Today, two new stages shine out onto it. They are each 52 by 52 feet (16 by 16 meters) wide and 32 feet (10 meters) high. Both stages are connected by 689 feet (210 meters) long rails, which can be moved together to create one large stage surface for activities of any kind. In the evening, the unique charm of this design becomes apparent: Both stages emit gold glowing light from their inside. Once darkness falls, over 2,500 specially designed LED modules illuminate the steel construction with unexpected patterns, colors and pictures. This transforms the construction into a constantly changing light sculpture. Software was specifically designed to control the necessary programming and the lighting of the fixed pillars of the *Spielbudenplatz*.

Spielbudenplatz

Der Spielbudenplatz in Hamburgs Innenstadt war lange Zeit ein brachliegendes Gelände. Heute erstrahlen zwei neue Bühnen auf dem Platz. Sie sind jeweils 16 mal 16 Meter groß und 10 Meter hoch. Beide Bühnen sind durch 210 Meter lange Schienen miteinander verbunden und können so aufeinander zubewegt werden, dass eine große Bühnenfläche für Veranstaltungen jeder Art entsteht. Abends wird dann die Besonderheit des Entwurfs deutlich: Beide Bühnen leuchten von innen heraus goldfarben. Über 2500 extra angefertigte LED-Module beleuchten bei Dunkelheit die Stahlkonstruktion mit ausgefallenen Mustern, Farben und Bildern. Diese verwandeln das Bauwerk in eine ständig wechselnde Lichtskulptur. Die dafür notwendige Programmierung übernimmt eine speziell entwickelte Software, die auch das Licht der feststehenden Stelen des Platzes steuert.

Spielbudenplatz

Dans le centre ville de Hamburg, la « Spielbudenplatz » fut longtemps laissée à l'abandon. Mais actuellement, ce sont deux tribunes qui s'élèvent sur cette place, chacune ayant une surface au sol de 16 x 16 mètres et une hauteur de 10 mètres. Ces deux ensembles, reliés par un système de rails de 210 mètres de longueur, sont amovibles et peuvent ainsi accueillir diverses manifestations. L'originalité de cet ouvrage est particulièrement manifeste la nuit. Les deux scènes scintillent de mille feux. Ce sont plus de 2 500 modules LED, spécialement réalisés à cet effet, qui éclairent la charpente en acier de couleurs et motifs originaux. L'ensemble se transforme alors en une sculpture en perpétuelle mutation. L'éclairage de ces tribunes et des autres stèles de la place est activé à l'aide d'un logiciel spécialement conçu à cet effet.

The glass modules are covered with an outer metal shell. The stainless steel weave reflects the radiant light in a variety of ways.

Die verglasten Module sind von einer metallenen Außenhaut umhüllt. Das Edelstahlgewebe reflektiert das ausstrahlende Licht auf vielfältige Weise.

Les modules en verre sont protégés à l'aide d'une enveloppe de métal. La structure en acier reflète la lumière de multiples manières.

Lighting at night lets the seemingly delicate steel construction of the building become even more apparent.

Die Beleuchtung bei Nacht lässt die filigran erscheinende Stahlkonstruktion der Bühne besonders deutlich hervortreten.

La finesse de la construction en acier est particulièrement évidente la nuit, grâce à l'éclairage.

Lufthansa Reception

Lufthansa's reception building in Hamburg, Germany, strove to convey a sense of airy lightness, in addition to dynamic *esprit*. The architecturally autonomous building represents the center and entry to Lufthansa Basis. Its highly pronounced silhouette makes it easily recognizable—the roof spreads out like a set of huge wings over the construction of delicate steel columns and a transparent glass façade. The surrounding glass façade allows free views both inside and outside of the building and gives it an inviting feel. The ground floor contains the spacious and uncluttered visitors' area with the waiting lounge and directly connected first-class level on the gallery. At night, cleverly placed spotlights illuminate the building from the inside and let the elegant roof construction shine.

Empfangsgebäude Lufthansa

Leichtigkeit und Dynamik vermittelt das Empfangsgebäude der Lufthansa am Hamburger Flughafen. Das architektonisch eigenständige Bauwerk bildet das Zentrum und Eingangsportal zur Lufthansa Basis. Seine prägnante Silhouette verleiht ihm einen hohen Erkennungswert. Das Dach schwingt sich wie ein riesiger Flügel über eine Konstruktion aus filigranen Stahlstützen und einer transparenten Glasfassade. Diese umlaufende Verglasung ermöglicht freie Ein- und Ausblicke und verleiht dem Gebäude einen einladenden Charakter. Im Erdgeschoss befindet sich der großzügige und übersichtliche Besucherbereich mit Wartezone und direkt angebundener Firstclass-Ebene auf der Galerie. Mit gekonnt platzierten Strahlern leuchtet das Gebäude bei Dunkelheit von innen heraus und setzt die elegante Dachkonstruktion effektvoll in Szene.

Complexe Lufthansa

À l'aéroport de Hambourg, les bureaux de la Lufthansa donnent une impression de légèreté et de dynamisme. Cet ouvrage autonome par rapport à l'ensemble architectural sert à la fois de bureau d'accueil et de salle d'attente. Il est particulièrement reconnaissable du fait de sa forme. Le toit s'élance sur une construction en acier particulièrement travaillée et dotée d'une façade de verre. Les grandes baies vitrées donnent une impression de transparence et rendent cet édifice très accueillant. L'espace d'accueil proprement dit se situe au rez-de-chaussée, ainsi que la salle d'attente. L'espace réservé aux premières classes est adjacent au niveau de la galerie. De nuit, l'éclairage intérieur de l'édifice au moyen de projecteurs disposés de manière judicieuse, met habilement en scène l'élégante construction formée par le toit.

The building's airiness is due to the Y-shaped steel columns. Seen from outside, they almost disappear under the glass cover of the reception rooms, while, from the inside, they seem to penetrate the ceiling. Thus the created incisions are lit from the inside and illuminate the rooms.

Die Leichtigkeit erhält das Gebäude durch seine Y-förmigen Stahlstützen. Von außen betrachtet, verschwinden sie nahezu hinter dem Glasmantel der Empfangsräume. Im Inneren durchbrechen die Stützen die Dachhaut. Die so entstandenen Einschnitte werden von innen beleuchtet und erhellen die Räume.

Les piliers d'acier en forme de Y confèrent sa légèreté à l'édifice. Vus de l'extérieur, ils paraissent quasi inexistants derrière la paroi de verre qui caractérise la façade. À l'intérieur, ils percent l'enveloppe formée par la toiture. Les fentes ainsi créées font l'objet d'un éclairage spécifique et illuminent les espaces.

James Bond 2070

In a five-story old building in Hamburg, Germany, this attic was to be converted into an apartment with a 394 square feet (120 square meters) large terrace. The southern roof side was opened completely and replaced with a window front, resulting in a view over the rooftops of the St. Pauli neighborhood. An exceptional color concept enables the creation of 'light'-rooms, which effectively illuminates the large open living area at dark. The entire technology of the house—including the lights—is controlled automatically: no light switches, no interphone and no obvious operating elements exist. Everything is controlled through the owner's iPhone. Four spotlights ensure optical entertainment in the fireplace area, the kitchen, the dining area, the shower and the toilet. While the apartment seems completely white during the day, at night invisibly placed lights bathe the living area in continuously changing colors.

James Bond 2070

In einem fünfgeschossigen Hamburger Altbau wurde der Dachboden zu einer Wohnung mit einer 120 Quadratmeter großen Terrasse umgebaut. Die Südseite wurde komplett geöffnet und durch eine Fensterfront mit Blick über die Dächer St. Paulis ersetzt. Mit einem ausgefallenen Farblichtkonzept wurden einzelne „Licht"-Räume geschaffen, die die großzügige und offene Wohnfläche bei Dunkelheit effektvoll beleuchten. Die gesamte Haustechnik samt Licht wird automatisch gesteuert – es gibt keine Lichtschalter, keine Türdrücker, keine offensichtlichen Bedienelemente. Alles wird über das iPhone des Besitzers bedient. Vier lichtstarke Beamer sorgen für optisches Entertainment im Kaminbereich, der Küche, dem Essbereich, der Dusche und dem Badezimmer. Während die Wohnung bei Tageslicht rein weiß erscheint, tauchen bei Dunkelheit unsichtbar installierte Leuchten die Wohnräume in immer neue Farben.

James Bond 2070

Dans un immeuble ancien de Hambourg, l'espace se trouvant sous les toits a été réaménagé en appartement pourvu d'une terrasse de 120 mètres carrés. Le front sud de la toiture a été complètement ouvert et remplacé par une baie vitrée offrant un panorama sur les toits du quartier de Sankt Pauli. Suivant une conception originale, on a créé des éclairages individuels qui structurent de façon spectaculaire l'espace d'habitation, vaste et ouvert. L'ensemble des commandes est piloté de façon centralisée à partir de l'iPhone du propriétaire. L'appartement ne comporte ni interrupteurs, ni poignées de portes. Quatre variateurs créent une ambiance particulière au salon, dans la cuisine, dans la salle à manger, dans la douche et dans les toilettes. Durant le jour, l'appartement est complètement blanc. La nuit, de discrets foyers de lumière créent des effets de couleurs sans cesse renouvelés.

The sink is custom-made out of acrylic, and the shelves are backlit.

Das Waschbecken, eine Sonder-anfertigung aus Acryl, und die Regale sind ebenfalls hinter-leuchtet.

La vasque, une pièce unique en acrylique, et les étagères sont illuminées.

One color contrast in this light concept is a 132-gallon (500 liter) saltwater aquarium which sepa-rates the bathroom from the living area.

Einen Farbkontrast im Lichtkon-zept bildet ein 500 Liter Meer-wasser-Aquarium, welches Bad und Wohnbereich trennt.

Un aquarium d'eau de mer d'un volume de 500 litres crée un contraste de couleur et sépare la salle de bains de l'espace séjour.

Ingo Maurer

Atomium

Originally built for the World Fair in 1958 as a symbol for the atomic age, *Atomium* has since become a popular landmark of Brussels. Over the past decades, the building became increasingly run-down and was finally closed in 2003. After extensive restoration, *Atomium* was reopened in February 2006. Renowned German light artist from Munich, Ingo Maurer contributed to *Atomium's* new shine. Above all, he and his team wished to keep and develop the original character and characteristics of the giant molecule. Aluminum and fiberglass creations were used in the six balls, which are open to the public and evoke UFOs, space stations and life in outer space. Only in complete darkness, however, can *Atomium* develop its full force. Slits cut into the steel let the light pour out into the night and hundreds of lights twinkle in Brussels' nocturnal skies.

Atomium

Ursprünglich als Symbol für das Atomzeitalter auf der Weltausstellung 1958 errichtet, wurde das *Atomium* danach zu einem beliebten Wahrzeichen Brüssels. Im Lauf der Jahrzehnte verfiel das Bauwerk zunehmend, bis zu seiner Schließung 2003. Nach einer Vollsanierung wurde es im Februar 2006 wieder eröffnet. Der Münchner Lichtkünstler Ingo Maurer verhalf dem *Atomium* zu neuem Glanz. Er und sein Team wollten den ursprünglichen Charakter des Riesenmoleküls beibehalten und stärker zur Geltung bringen. Die Fiberglas- und Aluminiumkreationen in den sechs für Besucher geöffneten Kugeln des *Atomiums* erinnern an UFOs, Raumstationen und das Leben im All. Doch erst bei Dunkelheit entfaltet das *Atomium* seine ganze Strahlkraft. Durch Schlitze in der Stahlhaut der Kugeln dringt Licht von innen nach außen und hunderte Lichter funkeln im Brüsseler Nachthimmel.

Atomium

Symbole de l'ère de l'atome à l'Exposition universelle de 1958, l'*Atomium* est l'un des monuments les plus populaires de Bruxelles. L'ouvrage se délabrant au fil des ans, on procéda à sa fermeture en 2003. Après une importante restauration, il a été rouvert au public en 2006. C'est l'artiste munichois Ingo Maurer, connu pour ses effets d'éclairage, qui a redonné son éclat à l'*Atomium*. Avec son équipe, il a souhaité conserver le caractère original de l'ouvrage, une molécule géante, en mettant l'accent sur cette composante. Dans les six sphères accessibles au public, les créations en fibres de verre et en aluminium contribuent à une atmosphère digne des stations orbitales ou des soucoupes volantes. Pourtant, c'est de nuit que l'*Atomium* dévoile sa structure d'acier. Grâce à un système utilisant l'éclairage intérieur des sphères – des fentes découpées dans la structure en métal –, ce sont des centaines de petites lumières qui scintillent dans la pénombre et éclairent le ciel bruxellois.

Kruisherenhotel

In the old part of Maastricht, in the Netherlands, a historical church and cloister were renovated and transformed into a luxury design hotel. Renowned designer Ingo Maurer was given the full responsibility for the reception area, inner courtyard and the entire lighting concept. When entering the Gothic building, guests face an unusual light installation. Shiny copper plates cover the interior of the tunnel leading to the nave. Glowing bands of light on the ground are the only source of light. The impressive area comprises reception area and lobby as well as split-level restaurants and lounges. The nave is illuminated with nine huge lights that spell out 'Big Dish.' Color and light intensity can be gradually adjusted and create a captivating atmosphere. Interior architect Henk Vos drew the layout for the hotel rooms' interior design.

Kruisherenhotel

In der Maastrichter Altstadt wurde eine historische Kirche mit Kloster zu einem einzigartigen Designhotel umgestaltet. Der Eingangsbereich, der Innenhof sowie das gesamte Beleuchtungskonzept wurden in die Hände des renommierten Designers Ingo Maurer gelegt. Schon beim Eintritt in das gotische Bauwerk wird der Gast von einer ungewöhnlichen Lichtinstallation empfangen. Ein mit glänzenden Kupferplatten ausgekleideter Tunnel, in dem leuchtende Streifen im Boden die einzige Lichtquelle sind, führt in das Kirchenschiff. Der prächtige Saal beherbergt Rezeption, Lobby und auf einer eingezogenen Zwischenebene Restaurants und Aufenthaltsräume. Das Hauptschiff wird von neun riesigen Lampen mit dem Namen „Big Dish" erhellt. Helligkeit und Farbe sind stufenlos einstellbar und tauchen den Saal in ein stimmungsvolles Licht. Die Gestaltung der Hotelzimmer geht auf Entwürfe des Innenarchitekten Henk Vos zurück.

Kruisherenhotel

Dans le cœur historique de Maastricht, une église et son cloître ont été remodelés pour devenir un hôtel design très original. On a confié au designer Ingo Maurer la réalisation de l'espace de réception, de la cour intérieure ainsi que la conception de l'éclairage pour l'ensemble de cet édifice gothique. Une installation spectaculaire accueille ainsi les clients de l'hôtel dès leur entrée dans ce lieu. Un tunnel, habillé de plaques de cuivre poli et bénéficiant pour seule source de lumière des motifs qui se dessinent sur le sol, conduit dans la nef. Celle-ci abrite la réception, un salon et une galerie comprenant les restaurants et les chambres. La partie centrale de la nef est éclairée au moyen de neuf luminaires gigantesques baptisés « Big Dish ». Un variateur permet de modifier la luminosité et la couleur de l'éclairage afin de créer l'atmosphère désirée. La décoration des chambres est l'œuvre de l'architecte d'intérieur Henk Vos.

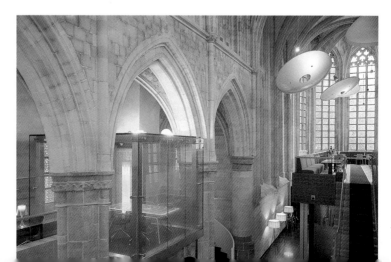

All rooms have their own fresh character, highlighted by the exceptional lighting. Lights and contemporary design furniture were specifically created to present a charming contrast to the historic walls and windows.

Alle Zimmer besitzen einen individuellen und modernen Charakter, der durch die einzigartige Lichtstimmung betont wird. Die eigens angefertigten Leuchten und modernen Designermöbel stehen in einem reizvollen Kontrast zu den historischen Mauern und Fenstern.

Toutes les chambres ont été décorées de manière individuelle. La modernité de la décoration est soulignée par l'originalité de l'éclairage. Les luminaires et le mobilier design, spécialement créés pour cet ouvrage, sont associés à la pierre et aux vitraux de l'édifice d'origine pour composer un ensemble ravissant, tout en contrastes.

Jürgen Mayer H.

Town Hall and Square

In the center of *Scharnhauser Park*, one of the newest urban areas on the outskirts of Stuttgart, Germany, the Town Hall and square by architect Jürgen Mayer H. are situated. The public building reunites many different functions under one roof. The exterior is united with the interior of the building thanks to incisions and terraces, including the market square and the Panorama roof on which visitors can walk around. These stretch out to an active public area that is busy long after the usual opening hours. Light and water elements serve to animate the area—computer-controlled artificial rain drips down from the glowing underside of the canopy roof, through which the entrance is reached. Hanging light strands from the lantern on the square move, projecting different dot patterns onto the ground.

Stadthaus und Marktplatz

Im Zentrum des Scharnhauser Parks, einem der neusten Stadtgebiete am Rande von Stuttgart, liegt der Marktplatz mit dem Stadthaus des Architekten Jürgen Mayer H. Das öffentliche Gebäude fasst eine Vielzahl von Funktionen unter einem Dach zusammen. Durch Einschnitte und Terrassen wird das Gebäude mit dem Außenraum in Verbindung gesetzt. Diese Einschnitte bleiben über die üblichen Öffnungszeiten hinaus aktiver öffentlicher Raum. Sie werden durch Licht- und Wasserelemente animiert. So tropft ein computergesteuerter künstlicher Regen von der leuchtenden Unterseite des Vordachs, durch den man zum Eingang gelangt. Beim Windlicht auf dem Marktplatz bewegen sich die hängenden Lichtstränge und projizieren ein Punkteraster auf den Boden.

Hôtel de ville et place du marché

Cette place du marché et l'hôtel de ville de l'architecte Jürgen Mayer H. s'élèvent au milieu du parc Scharnhauser, dans un quartier de Stuttgart, en Allemagne, récemment créé. Les fonctions de cet édifice public sont multiples. Au moyen d'ouvertures et de terrasses – de la place du marché jusqu'au toit panoramique –, l'hôtel de ville est relié à l'espace extérieur. Ces ouvertures restent ouvertes au public même pendant les heures de fermeture, et sont animées à l'aide de jeux d'eau et de lumière. Grâce à une animation assistée par ordinateur, une pluie artificielle semble tomber de l'avant-toit éclairé qui habille l'entrée de l'édifice. Sur la place, les raies de lumière et le quadrillage au sol semblent se mouvoir au gré du vent.

Light installations in the interior of the building also highlight the complex. The undersides of floating pathways and embedded bodies transform into large-surface light emitters while indicating the directions of the pathways. Lit steps illuminate the spacious stairway.

Auch im Inneren setzen Lichtinstallationen das Gebäude in Szene. So werden die Unterseiten von schwebenden Gängen und eingestellten Baukörpern zu großflächigen Lichtspendern und betonen die Wegerichtungen. Die großzügigen Treppen bekommen Licht von den illuminierten Stufen.

À l'intérieur, des éclairages mettent également cet ensemble en scène. Les parties inférieures des couloirs et des éléments de construction sont illuminées et servent de point d'orientation. Les marches des escaliers majestueux sont éclairées.

Raymond Morel, Christiane Derory

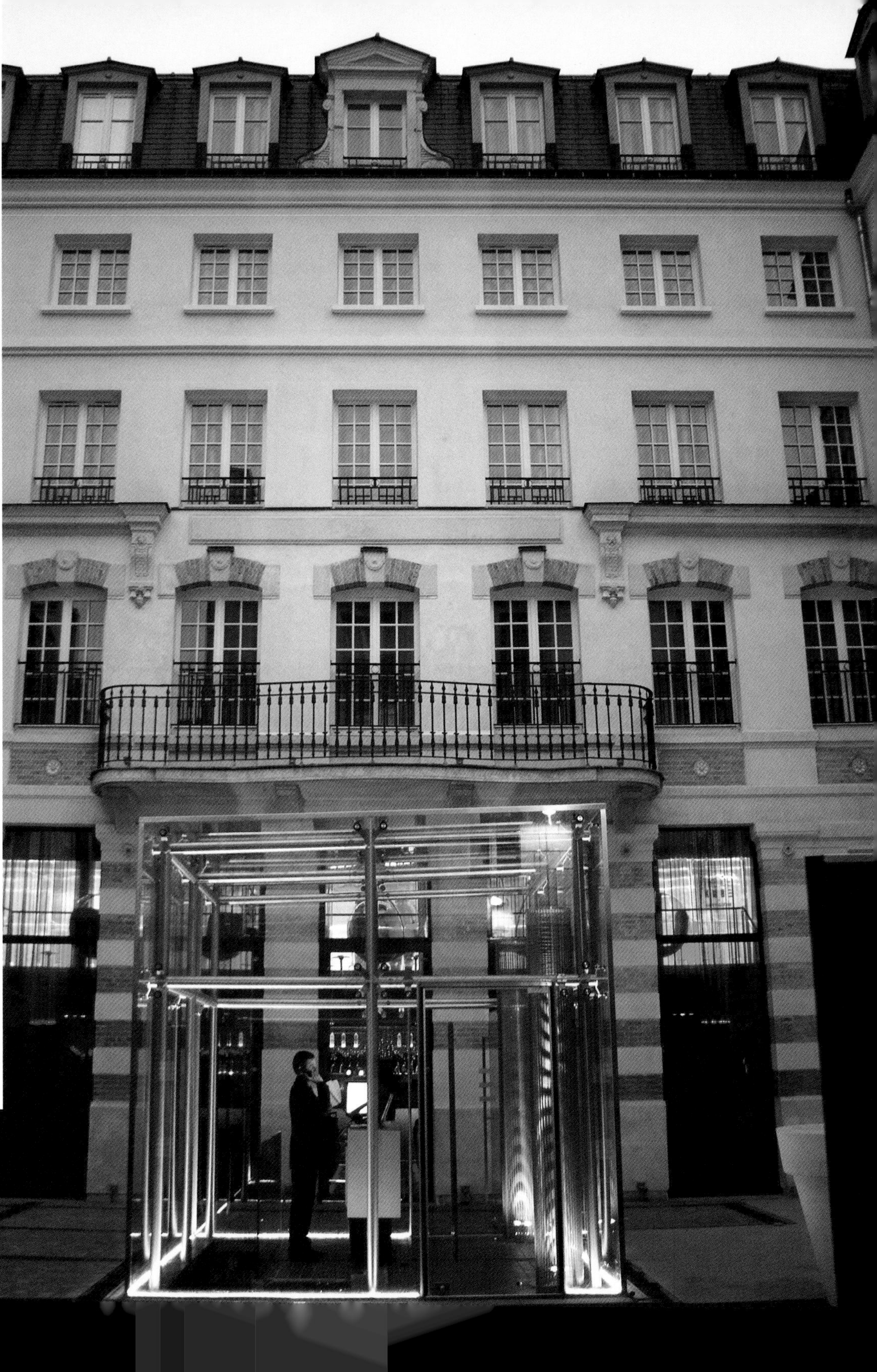

Hotel Kube

This Parisian hotel features light as one of its pivotal elements of design. White is thus prevalent in the rooms and the suites. Controlled by a variable lighting system, the rooms can then be flooded with blue, yellow or pink light. Yet, light is not restricted to the rooms. Even the restaurant or the lobby feature light as a design. The façade of this historical building, however, reveals nothing of the extravagant interior that guests enjoy. Above all, the manifold lighting concepts are a source of astonishment. The molded plastic shell chairs hanging from the ceiling of the lounge are highlighted by a spotlight and seem to float. Long illuminated fiberglass threads hang above the tables and bars in the restaurant.

Hotel Kube

In diesem Pariser Hotel ist Licht eines der zentralen Design-Elemente. In den Zimmern und Suiten dominiert die Farbe Weiß. Gesteuert durch ein variables Lichtsystem werden diese in blaues, gelbes oder rosafarbenes Licht getaucht. Und Licht bestimmt nicht nur die Zimmer. Auch im Restaurant oder direkt bei der Ankunft in der Lobby ist Licht das Gestaltungselement schlechthin. Dabei verrät die Fassade des historischen Gebäudes nichts von dem extravaganten Interieur, das den Gast hier erwartet. Vor allem die vielfältigen Beleuchtungskonzepte überraschen. Die Kunststoffschalensessel, die von der Decke der Lounge hängen, werden von jeweils einem Spot angestrahlt und scheinen zu schweben. Im Restaurant hängen über den Tischen und der Bar lange, illuminierte Glasfaserschnüre.

Hôtel Kube

Dans cet hôtel parisien, la lumière est l'un des éléments clé du design. Le blanc domine pour cela dans les chambres et les suites. Celles-ci peuvent ensuite être plongées dans une lumière bleue, jaune ou rose, grâce à un système d'éclairage variable. La lumière est également très présente dans le restaurant et les salons. La façade de l'hôtel, une construction d'époque, ne dévoile rien des éléments extravagants de la décoration intérieure. La diversité des éclairages ne cesse d'étonner. Les fauteuils en plexiglas suspendus au plafond du bar sont tous éclairés à l'aide d'un spot et semblent flotter dans les airs. Des cordons en fibres de verre scintillent au-dessus des tables du restaurant et du bar.

A snake-like path of red light diodes slithers across the floor; red spotlights, the size of match heads, twinkle along the ceiling. A row of round shell chairs out of plexiglass hang down from the gallery.

Über den Boden zieht sich ein Streifen aus roten Leuchtdioden, von der Decke strahlen einzelne, ebenfalls rote Punkte, nicht größer als Streichholzköpfchen. Auf der Galerie hängt eine Reihe runder Sitzschalen aus Plexiglas.

Un serpentin de diodes rouges se déroule le long du sol. Au plafond scintillent des points rouges à peine plus grands que l'extrémité d'une d'allumette. Un alignement de fauteuils en plexiglas décore la galerie.

Black gauze curtains keep the daylight at bay, ensuring that the interior remains mysterious and extravagant.

Schwarze Gaze-Vorhänge sperren auch am Tag das Licht aus. Damit bleibt es im Inneren geheimnisvoll und extravagant.

Des rideaux de gaze empêchent la lumière du jour de pénétrer, préservant ainsi l'intimité et l'extravagance de l'espace intérieur.

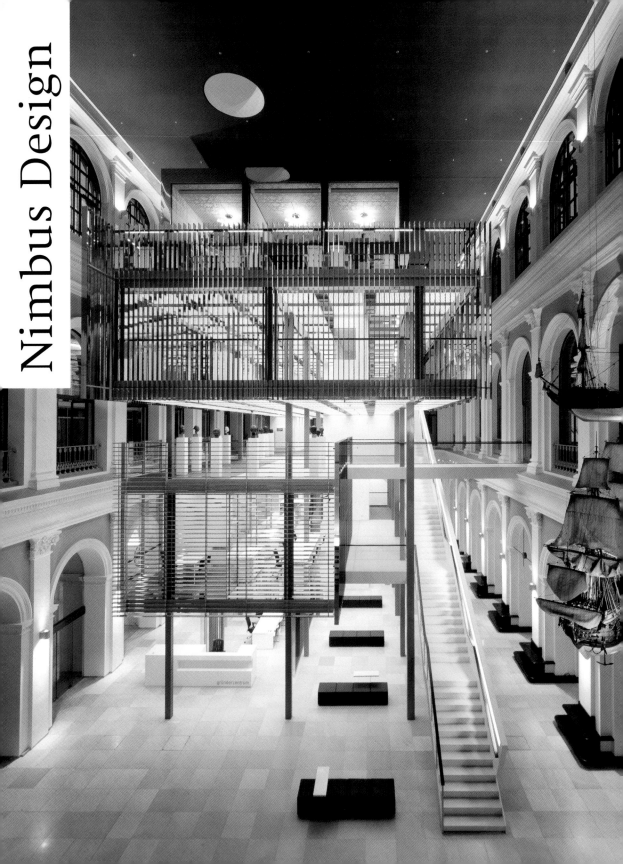

Nimbus Design

House in House

Haus im Haus (literally 'house in house') is an exceptional project for the extension of listed buildings of the Chamber of Commerce in Hamburg. Following the plans drawn up by Stuttgart architect Stefan Behnisch, a seemingly transparent cube spanning five office floors was built in the classicist *Börsenhalle*. Worldwide, this is one of the first office buildings that exclusively uses solid-state lighting, namely energy-saving, ultra-flat SMD LED lights. The unique properties of this lighting and the transparent and reflective materials give the building an almost immaterial appearance. A total of 380 light module sheets, each with 400 individual LEDS, were hung from the glass floors. Depending on the lighting requirements, the LED modules flood specific areas in warm working light or radiate weaker light for separate areas. LED modules can emit calming light waves, which move almost unnoticeably over the ceiling lights or which simulate light clouds slowly passing over the visitors' heads.

Haus im Haus

Das „Haus im Haus" dient zur Erweiterung der denkmalgeschützten Handelskammer Hamburg. Nach Plänen des Stuttgarter Architekten Stefan Behnisch entstand in der klassizistischen Börsenhalle ein, sich über fünf Büroetagen erstreckender, transparent erscheinender Kubus. Als eines der ersten Bürogebäude weltweit wird dieser Neubau ausschließlich mit energiesparenden ultraflachen smdLEDs beleuchtet. Durch die Einzigartigkeit dieser Beleuchtung und durch die transparenten und reflektierenden Materialien erlangt das Gebäude eine nahezu „immaterielle" Wirkung. Insgesamt 380 Lichtmodulplatten mit jeweils 400 einzelnen LEDs wurden dafür von den gläsernen Etagenböden abgehängt. Je nach Bedarf tauchen die LED-Module einzelne Bereiche in sattes Arbeitslicht, oder sie erhellen einzelne Flächen nur schwach. So können die LED-Module beruhigende Lichtwellen ausstrahlen, die sich kaum merklich über die Lichtdecken bewegen oder Lichtwolken simulieren.

Maison dans la maison

Haus im Haus, la « maison dans la maison », est un projet d'agrandissement de la chambre de commerce de Hambourg. Ce lieu est soumis aux normes de conservation des monuments historiques. L'architecte Stefan Behnisch a conçu une structure transparente, en forme de cube, qui s'élève sur cinq étages, au centre de l'ancienne salle des marchés d'époque classique. Cet ensemble de bureaux a été l'un des premiers à être uniquement éclairé à l'aide d'éléments LED très plats et consommant peu d'énergie. La particularité de cet éclairage, l'association avec des matériaux transparents et réfléchissant la lumière donnent une certaine immatérialité à cet édifice. Ce sont 380 éléments en forme de plaques, comprenant chacun 400 LED, qui sont suspendus aux plafonds transparents. L'éclairage varie en fonction des besoins, diffusant une lumière vive dans les espaces de travail, ou plus faible. Les modules LED émettent alors, sous forme de vagues, un éclairage propice à la détente, ou simulent des nuages

Römerkastell

Visitors face an unexpected sight when seeing the area of the former military barracks, known as the *Römerkastell,* in Stuttgart, Germany. Over-sized lampshades, reminiscent of classical living room lamps, are placed at a distance of 39 x 39 feet (12 x 12 meters) from each other. The special charm of this singular lighting concept can be seen once darkness falls. A wire rope hoist invites passersby to become active—once the rope is pulled, the color of the light changes. With each new color—from pale violet over orange to light green—a brand-new atmosphere is created. After the first lamps were installed, it became evident that the game of light and color of these interactively changeable lights is particularly suitable against the usual disorientation that can be experienced in unpopulated urban areas.

Römerkastell

Auf dem ehemaligen Areal einer Kaserne in Stuttgart, dem Römerkastell, bietet sich den Besuchern ein ungewöhnliches Bild. Im Abstand von 12 x 12 Metern stehen überdimensionale Lampenschirme, die an die klassische Wohnzimmerbeleuchtung erinnern. Der besondere Charme dieses einzigartigen Lichtkonzepts entwickelt sich bei Dunkelheit. Ein Seilzug lädt die Passanten dazu ein, selbst aktiv zu werden: Ein Ziehen an der Schnur und schon wechselt die Lichtfarbe. Von Zartviolett über Orange bis hin zu Hellgrün entsteht mit dem ständig wechselnden Farbspektrum ein immer neues Bild. Nach der Installation der ersten Leuchten zeigte sich, dass das Spiel mit Licht und Farbe der interaktiv schaltbaren Leuchten besonders geeignet ist, um dem Gefühl der Orientierungslosigkeit, das sich auf unbelebten städtischen Flächen einstellt, etwas entgegenzusetzen.

Römerkastell

Le site d'une ancienne caserne de Stuttgart, le Römerkastell, compose un tableau insolite. Des abat-jour gigantesques sont disposés à une distance de 12 x 12 mètres et proposent un éclairage qui rappelle celui d'une salle de séjour. C'est la nuit que l'on découvre le charme particulier de cette création originale qui invite les passants à composer leurs propres effets. Il suffit en effet de tirer sur un cordon pour modifier la couleur de la lumière des lampadaires. La palette des coloris s'étend du violet à l'orange en passant par le vert clair, et les variations de couleurs créent une multitude de tableaux. L'expérience a montré que cette installation interactive et son association de lumière et de couleurs sont particulièrement bien adaptées pour aider le visiteur quelque peu désorienté à se familiariser avec un environnement peu fréquenté.

Festival of Lights

Since 2005, Berlin has organized the *Festival of Lights*. For two weeks, the metropolis is transformed into a glittering, multi-colored city. Countless Berlin attractions are illuminated by spectacular light shows. Unique installations and artistic projections of more than forty famous Berlin landmarks and places such as the Brandenburg Gate, Victory Column and hotel *Adlon Kempinski* draw a magical band of light through the entire city. In addition, in some of the illuminated buildings, activities and events about light or subject-related illuminations take place, such as the 'Byzantine Night' in the Bode Museum or the 'Pink Night' at the Brandenburg Gate.

Festival of Lights

Seit 2005 veranstaltet Berlin das *Festival of Lights*. Für zwei Wochen verwandelt das Festival die Metropole in eine glitzernde, farbenprächtige Stadt. Zahlreiche Berliner Sehenswürdigkeiten werden mit spektakulären Lightshows in Szene gesetzt. Einzigartige Illuminationen und kunstvolle Projektionen auf mehr als vierzig Wahrzeichen und Gebäuden wie Brandenburger Tor, Siegessäule und Hotel *Adlon Kempinski* ziehen ein magisches Lichterband durch die gesamte Stadt. Zudem finden in einigen der angestrahlten Bauten Veranstaltungen rund um das Thema Licht oder themenbezogene Illuminationen statt – wie zum Beispiel die „Byzantinische Nacht" im Bode Museum oder die „Pink Night" am Brandenburger Tor.

Festival of Lights

Depuis 2005, la ville de Berlin organise le *Festival of Lights*. La métropole devient ville de lumière pendant la durée de ce festival qui est de deux semaines. Un nombre important de monuments fait alors l'objet d'un éclairage spectaculaire, fruit d'une véritable mise en scène. C'est une fabuleuse guirlande de couleur qui se déroule à travers Berlin, composée d'illuminations insolites et de projections originales : la porte de Brandenbourg, la colonne de la Victoire, l'hôtel *Adlon Kempinski* et 40 autres emblèmes et lieux de la ville. Dans quelques-uns de ces espaces ont lieu des manifestations autour du thème de la lumière, par exemple la « nuit byzantine » au Bode Museum ou la « Pink Night » à la porte de Brandenbourg.

Just like a kaleidoscope, colorful patterns in red, blue, yellow and green illuminate the façade of the Berlin Cathedral.

Wie Bilder aus einem Kaleidoskop erhellen farbenfrohe Muster in Rot, Blau, Gelb und Grün die Fassade des Berliner Doms.

À la manière d'un kaléidoscope, la cathédrale de Berlin est éclairée d'un motif riche en couleurs : du rouge, du bleu, du jaune, du vert …

Six metal-halide lamps use a slide production to create different light patterns on the façade of the cathedral and high cupola. Swarovski crystals mounted on the façade complement the light show.

Sechs Halogen-Metalldampflampen erzeugten durch eine Dia-Technik an der Domfassade und -kuppel unterschiedlichste Lichtmuster. An der Fassade montierte Swarovski-Kristalle sorgten für zusätzliche Lichteffekte.

Sur la façade de la cathédrale et sur sa coupole six halogènes créent, au moyen d'une technique de projection de diapositives, des motifs divers. Les cristaux Swarovski qui ornent la façade produisent également des effets de lumière.

matrix technology AG

At the end of 2006, this company received new office rooms in the center of Munich. The design concept for the office rooms was to be innovative and communicative. Light planning was to be decisive for the room design: freestanding partitions, room-high glass floors and large-scale backlit glass surfaces all support the transparent impression of the whole surface. Light functions as a central element, uniting the Management and Service Center areas. Bands of light embedded in the floor, backlit furniture and wall surfaces all create a comfortable and inviting atmosphere. The light planning underlines the powerful simplicity of the elements and the carefully matched details, materials and colors.

matrix technology AG

Ende 2006 bezog das Unternehmen neue Büroräume im Zentrum Münchens. Das Designkonzept sollte innovativ und kommunikativ sein. Die Lichtplanung sollte entscheidend zur Raumgestaltung beitragen: Frei stehender Zwischenwände, raumhohe Glastüren und hinterleuchtete Glasflächen unterstützen die transparente Erscheinung der Räumlichkeiten. Licht verbindet als zentrales Element die Bereiche des Managements und des Service Centers. In den Boden eingelassene Leuchtbänder, hinterleuchtete Möbel und Wandflächen sorgen für ein angenehmes Ambiente. Die Lichtplanung unterstreicht die kraftvolle Schlichtheit der Elemente, der sorgfältig aufeinander abgestimmten Details, Materialien und Farben.

matrix technology AG

À la fin de l'année 2006, cette société a intégré de nouveaux bureaux dans le centre de Munich. Le design des bureaux a mis l'accent sur l'innovation et la communication. L'éclairage fut considéré comme un élément clé du décor. Des parois amovibles, des portes en verre de la hauteur des pièces et des surfaces en verre illuminées amplifient l'impression de transparence qui définit l'ensemble de l'espace. Des bandes illuminées intégrées dans les sols, certains meubles et des surfaces éclairées de l'intérieur créent une atmosphère agréable. L'éclairage souligne la sobriété des éléments, l'harmonie des matériaux et des couleurs.

Wall panels out of roughly-hewn wood contrast with backlit glass and colored wall surfaces. Clear forms, effective light technology and the reduction of dark and light surfaces together with colors bestow the rooms with elegance, abundance and contemporary flair.

Wandverkleidungen aus säge-rauem Holz kontrastieren mit hinterleuchteten Glasflächen und farbigen Wandflächen. Klare Formen, effektvolle Lichttechnik und die Reduktion auf dunkle und helle Flächen im Zusammenspiel mit Farben verleihen den Räumen Großzügigkeit, Modernität und Eleganz.

Certaines parois sont habillées de planches de bois et forment un contraste avec les surfaces de verre illuminées et les murs colorés. Des formes simples, des effets travaillés et des contrastes de matière et de couleurs confèrent modernité et élégance à ces espaces.

Scheitlin-Syfrig + Partner

Hotel Seeburg

After several years of renovation, the hotel *Seeburg* in Lucerne, Switzerland, is now a true treasure among Swiss hotels. The original core of the recently executed extension work by the Lucerne architectural studio Scheitlin-Syfrig+Partner is the new interconnecting building with the exclusive restaurant *Alexander,* the multifunctional *Seeburgsaal* and the exclusive *Lounge at Seeburg* which was integrated into the two-story hotel hall. At night, the extended glass building glows. The glass front opens the view into the building's interior and the surrounding building functions as a frame.

Hotel Seeburg

Nach langjähriger Renovierung ist das Hotel *Seeburg* in Luzern wieder ein Schmuckstück unter den Schweizer Hotels. Das eigentliche Kernstück der kürzlich realisierten Erweiterungsarbeiten ist der neue Verbindungsbau des Architekturbüros Scheitlin-Syfrig+Partner mit dem exklusiven Restaurant Alexander, dem multifunktionalen Seeburgsaal und der gediegenen *Lounge at Seeburg,* die in die zweistöckige Hotelhalle integriert wurde. In der Nacht erstrahlt der gläserne Anbau. Dabei gibt die Glasfront den Blick ins Innere frei, und der umschließende Baukörper wirkt wie ein Rahmen.

Hôtel Seeburg

Après des années de rénovation, l'hôtel *Seeburg* de Lucerne est de nouveau l'une des perles de l'hôtellerie suisse. L'ensemble architectural qui relie les deux bâtiments de l'hôtel est l'œuvre du bureau d'architectes Scheitlin-Syfrig+Partner. C'est la pièce maîtresse des travaux d'agrandissement réalisés récemment. Il abrite le restaurant gastronomique *Alexander,* la salle *Seeburg,* le bar *Lounge at Seeburg* et permet l'accès au hall de l'hôtel qui s'étend sur deux étages. Cet édifice de verre est entièrement ouvert sur l'extérieur et les constructions qui l'entourent forment un cadre.

Pia Maria Schmid

Park Hotel Waldhaus

The spectacular core of this hotel complex in Flims, Switzerland, is the historical art nouveau pavilion. This building from the turn of the century was carefully restored in 2004. A delicate, free-standing glass cube illuminates the center of the park. Referred to as the 'lantern,' for its exceptional light production, this cube is the wellness and beauty area. During the day, light reflects off the rippling water, giving the impression of a floating bath; in the evening it appears as an illuminated sculpture. Yet even inside, guests enjoy an exceptional light experience—120 lights placed at the bottom of the pool transform it into a starlit sky, making swimming in this wellness area a delight. The water surface captures the color-dynamic light and projects it onto the white ceiling, evoking passing clouds.

Park Hotel Waldhaus

Das Herzstück der Hotelanlage in Flims ist der historische Jugendstil-Pavillon. Dieses Gesellschaftshaus aus der Jahrhundertwende wurde 2004 sorgfältig restauriert. Vis-a-vis erhellt ein filigraner, freistehender Glaskubus das Zentrum des Parks. Seinen Namen „Laterne" verdankt der neue Wellness- und Beautybereich den außergewöhnlichen Lichtinszenierungen. Bei Tag scheint das vom Wasser schillernde Bad zu schweben, in der Nacht zeigt es sich als illuminierte Skulptur. Aber auch im Inneren begegnet der Gast einem einzigartigen Lichterlebnis; ein am Boden befindlicher Sternenhimmel mit 120 Lichtauslässen macht das Schwimmen in diesem Wellnessbereich zu etwas Besonderem. Die Wasseroberfläche fängt das farbdynamische Licht auf und projiziert es an die weiße Decke, die es dort wolkenartig sichtbar macht.

Hôtel du Parc Waldhaus

Le pavillon d'époque art déco est l'attraction de ce parc hôtelier situé à Flims, en Suisse. Cet ensemble datant du début du xxᵉ siècle a fait, en 2004, l'objet d'une minutieuse restauration. Un cube de verre autonome à la silhouette discrète lui fait désormais face et éclaire de nuit le centre du parc. Cette « lanterne », un espace de bien-être réservé aux soins du corps, doit son nom à l'éclairage original dont elle a fait l'objet. De jour, le bassin miroitant semble flotter ; de nuit, il compose une sculpture illuminée. L'intérieur du bassin a fait lui-même l'objet d'une surprenante mise en scène. Le sol sert de support à une véritable constellation formée de 120 sources de lumière. Les plaisirs du bain acquièrent ainsi une dimension nouvelle. Cet éclairage coloré brille à la surface de l'eau et se reflète sur le plafond blanc, sur lequel il forme des impressions de nuages.

Julian Schnabel

Gramercy Park Hotel

The *Gramercy Park* is a hotel that sets new standards—even for New York. After the re-design by Ian Schrager, the bohemian concept is newly interpreted with a unique combination of styles, great furniture, artwork and exceptional colors. Next to the works by Julian Schnabel, who is also responsible for the entire concept, there are works of art by Andy Warhol, Jean-Michel Basquiat and Damien Hirst. This hotel design places particular emphasis on artificial and natural light. Dramatically lit entranceways, intimate private rooms and particularly the *Rose Bar* and the *Jade Bar* are stunning—candles set the right mood and the ceiling is covered with thousands of differently lit light bulbs.

Gramercy Park Hotel

Das *Gramercy Park Hotel* setzt selbst in New York neue Standards. Nach der Umgestaltung durch Ian Schrager wird hier der Begriff Boheme mit einer einzigartigen Kombination von Stilen, mit großartigen Möbeln, Kunstwerken und außergewöhnlichen Farben neu interpretiert. Neben den Werken von Julian Schnabel, der auch für das Gesamtkonzept verantwortlich zeichnet, finden sich in diesem einzigartigen Haus Kunstobjekte von Andy Warhol, Jean-Michel Basquiat und Damien Hirst. Im Mittelpunkt der Gestaltung des Hotels steht künstliches wie natürliches Licht. Dieses Konzept kommt eindrucksvoll in den ausgeleuchteten Zugängen, den intimen Separees und im Besonderen in der „Rose Bar" und der „Jade Bar" zur Geltung. Hier sorgen Kerzen für atmosphärisches Licht, und die Decke ist mit tausenden von unterschiedlich hell erleuchteten Glühbirnen bedeckt.

Hôtel Gramercy Park

L'hôtel *Gramercy Park* est un lieu qui, même à New York, innove. La modernisation s'est effectuée sous l'égide d'Ian Schrager. Ce dernier a su donner une nouvelle interprétation de l'esprit Bohème au moyen d'une association de styles unique en son genre : des meubles sublimes, des œuvres d'art et des couleurs hors du commun. On peut admirer, dans cet hôtel extraordinaire, des œuvres de Julian Schnabel – lequel a collaboré à la conception d'ensemble – d'Andy Warhol, de Jean-Michel Basquiat et de Damien Hirst. Les effets de lumière naturelle et artificielle sont un élément clé de la décoration. Des couloirs à l'éclairage quelque peu spectaculaires, des espaces plus intimes, le « Rose Bar » et le « Jade Bar ». Les bougies créent une atmosphère singulière et le plafond est illuminé d'innombrables ampoules d'intensités diverses.

The lobby impresses through the use of noble materials—Douglas fir for the ceilings and the pillars, Moroccan tiles and heavy velvet curtains. The handmade Venetian chandeliers bestow the entrance area with an air of luxury and opulence that never fail to impress.

Die Lobby beeindruckt durch die Verwendung edler Materialien: Douglasie für die Decken und Säulen, marokkanische Fliesen und schwere Samtvorhänge. Ein besonderer Blickfang ist allerdings der handgefertigte venezianische Lüster, der dem Eingangsbereich einen opulenten und prachtvollen Glanz verleiht.

Le salon impressionne du fait des matériaux utilisés : du pin de l'Oregon pour les plafonds, des céramiques marocaines et de lourds rideaux de soie. Le lustre vénitien, réalisé à la main, retient l'attention et donne à l'entrée une splendeur pleine d'élégance.

Schultze-Krause Lichtdesign

Spektrometer 010

Inspired by the often-applied analysis of the light spectrum of matter used in the *Zolltechnische Lehr- und Versuchsanstalt* of Munich, Germany, Berlin light artists Nils Schultze and Karsten Krause created an artistic light installation, which includes the entire building in the *Wissenschaftspark Adlershof* in Berlin. The building designed by the architects Geiselbrecht, Beeg+Partner is divided into a laboratory and an office wing, united by a glass lounge. A continuously changing light spectrum can be seen on the laboratory, which is set back; the front façades show the spectrum breakdown as glowing white lines. The light object changes constantly—depending on the season, daylight, temperature and the level of noise, a completely different light spectrum is depicted. The artists developed their own software for this exceptional show.

Spektrometer 010

Ausgehend von der in der „Zolltechnischen Lehr- und Versuchsanstalt München" oft verwendeten Analyse des Lichtspektrums von Stoffen, entwickelten die Berliner Lichtkünstler Nils Schultze und Karsten Krause eine künstlerische Lichtinstallation, die das gesamte Gebäude im Berliner Wissenschaftspark Adlershof miteinbeziehen sollte. Das von den Architekten Geiselbrecht, Beeg+Partner geplante Gebäude ist in einen Labor- und einen Bürotrakt geteilt. Zwischen diesen beiden befindet sich das gläserne Foyer. Auf dem zurückgesetzten Laborgebäude ist ein sich permanent änderndes Lichtspektrum zu sehen, an der vorderen Fassade sind die Ausfälle des Spektrums als weiß leuchtende Striche dargestellt. Das Lichtobjekt verändert sich ständig: Je nach Jahreszeit, Tageszeit, Temperatur und Geräuschpegel wird ein anderes Lichtspektrum abgebildet. Für diese ungewöhnliche Bespielung entwickelten die Künstler eine eigene Software.

Spectromètre 010

À partir d'une expérience similaire menée à Munich dans le cadre d'une étude du spectre lumineux de la matière, les plasticiens de la lumière Nils Schultze et Karsten Krause ont, dans le parc technologique Adlershof à Berlin, conçu une installation sur tout un bâtiment. L'ensemble, créé par les architectes Beeg+Partner, comprend une partie réservée aux laboratoires et une autre dans laquelle se trouve l'administration. L'entrée de l'édifice réalisée en verre se situe entre les deux bâtiments. Un spectre lumineux, qui se modifie en permanence, illumine les laboratoires. Sur la façade extérieure, les émissions de ce spectre sont représentées à l'aide de bandes lumineuses blanches. Le spectre lumineux varie en fonction des saisons, de l'heure, de la température et du volume sonore. Nils-R. Schulze et Karsten Krause ont créé un logiciel spécialement à cet effet.

In the darkness, the three-tiered, stretched structure of the entire complex is enhanced through lighting.

Bei Dunkelheit wird die dreigeteilte, lang gezogene Struktur des Gebäudeensembles durch die Beleuchtung besonders deutlich hervorgehoben.

La structure de cet édifice tout en longueur et découpé en trois parties est particulièrement mise en valeur la nuit, grâce à l'éclairage.

stephen varady architecture

Larson Kelly Residence

When looking for variety in minimalist design, one need look no further than the interior of Larson Kelley's house in Sydney, designed by Stephen Varady architects. Everything that was previously hailed as purist and reduced as much as possible has now become a creative focal point. With backlit plastic furniture, this design breaks with previously known furniture and fronts of other manufacturers. Progressive furniture design with innovative light technologies—the execution in this form of kitchen and bathroom is completely unique. The understandable attraction to organic forms and softly designed surfaces, the supporting light design and the vivacity of the rooms ensure all senses are completely satisfied.

Larson Kelly Residence

Wer im Dschungel der Minimalisten nach Abwechslung sucht, wird von der Einrichtung im Haus Larson Kelly in Sydney, dessen Entwurf auf Stephen Varady Architekten zurückgeht, begeistert sein. Denn alles was bisher möglichst puristisch und reduziert war, ist nun zu einem fantasievollen Blickfang geworden. Die Gestaltung durchbricht mit den hinterleuchteten Kunststoffmöbeln die bisher bekannten gleichförmigen Möbel und Fronten anderer Hersteller. Progressives Möbeldesign kombiniert mit zukunftsweisenden Licht-Technologien – diese Umsetzung in Küche und Bad ist in dieser Form bisher einzigartig. Die organischen Formen und weich gestalteten Oberflächen sorgen im Verbund mit dem Lichtdesign und der Lebendigkeit der Räume für vielfältige Sinneseindrücke.

Larson Kelly Residence

La décoration de la maison Larson Kelly, située à Sydney, est une aubaine pour celui qui, dans la jungle du minimalisme, cherche un peu de distraction. La maison est l'œuvre des architectes Stephen Varady. Des éléments auparavant discrets et réduits à leur plus simple expression ont fait l'objet d'une nouvelle créativité visuelle. Les meubles en plastique illuminés de l'intérieur contrastent ainsi avec les pièces de mobilier usuelles. Ce design avant-gardiste est associé à des techniques d'éclairage de pointe. Les réalisations qui décorent la cuisine et la salle de bains sont uniques en leur genre. Des formes organiques et des surfaces souples sont mises en valeur par un éclairage conçu pour créer un espace propre à séduire les cinq sens.

A well-balanced mix of lighting media and surfaces transforms kitchen furniture into innovative objects and bestows them with multifunctionality. Type, number and power of the lighting media has been chosen as to exactly match the lighting atmosphere and let it be adapted to individual needs.

Ein ausgeklügelter Mix aus Leuchtmitteln und Oberflächen macht die Küchenmöbel zu Innovationsträgern und verleihen ihnen Multifunktionalität. Art, Anzahl und Leistung sind so gewählt, dass sich die Lichtatmosphäre genau abstimmen und individuellen Wünschen anpassen lässt.

Un mélange ingénieux de luminaires et de matières pour un mobilier de cuisine innovant offrant de multiples fonctions. Le nombre et la puissance des foyers permettent d'adapter la lumière à ses besoins et de créer l'ambiance de son choix.

Innovative lighting increases both the technical and architectural leeway. The artificial backlighting offers the sensual experience of a lighting object that also takes emotional needs into account.

Mit innovativer Beleuchtung wird nicht nur der technische, sondern auch der architektonische Spielraum größer. Die künstliche Hinterleuchtung bietet das sinnliche Erlebnis eines Lichtobjekts, das auch emotionalen Bedürfnissen gerecht wird.

Grâce à cet éclairage innovant, le champ des possibilités techniques et architectoniques s'amplifie. Il offre les qualités esthétiques d'un luminaire et répond aussi à des besoins d'ordre émotionnel.

Mats Thorén, Lars Bylund, Louis Poulsen Lighting

Turning Torso

The highest residential building in Europe was inspired by a sculpture by the architect Santiago Calatrava. Named *Turning Torso,* it depicted a human body turning around its own axis. The original layout of this skyscraper in Malmö, Sweden, described the form of a drop, with the tip rotating to the right, one module at a time. Five floors represent one module and each seems to form a twisted cube with a square grid of windows. The construction principle becomes even more visible as darkness falls. Lit also from underneath, the tower seems to be screwed into the dark nocturnal sky. Even in the interior, the consciously used lighting emphasizes the unique architectural language. Bands of light between the walls and the ceilings underline the path direction. The cut-out apartment doors are clearly marked with the help of soft, warm light.

Turning Torso

Vorbild für das höchste Wohngebäude Europas ist eine Skulptur des Architekten Santiago Calatrava mit dem Titel „Turning Torso", die einen sich drehenden menschlichen Körper darstellt. Das Hochhaus in Malmö beschreibt im Grundriss die Form eines Tropfens, dessen Spitze sich Modul für Modul nach rechts dreht. Jeweils fünf Etagen bilden ein Modul, wobei jedes ein verdrehter Würfel zu sein scheint, dessen Seiten mit einem quadratischen Raster von Fenstern versehen ist. Vor allem bei Dunkelheit wird das Konstruktionsprinzip sichtbar. Zusätzlich von unten angestrahlt, scheint sich der Turm in den dunklen Nachthimmel zu schrauben. Aber auch im Inneren unterstreicht die bewusst eingesetzte Beleuchtung die einzigartige Architektursprache. Lichtbänder an den Kanten zwischen Wand und Decke betonen die Wegführung. Die Apartmenttüren werden mit Hilfe von sanftem Licht noch einmal deutlich hervorgehoben.

Turning Torso

Le plus grand immeuble d'habitation d'Europe fait référence au « Turning Torso », une sculpture de l'architecte Santiago Calatrava, qui représente un corps humain pivotant sur lui-même. Sur les plans, l'édifice, in Malmö, forme une goutte dont les éléments effectuent une rotation vers la droite. Ces modules comprennent chacun cinq étages. Ils semblent former un cube tordu dont les côtés sont ornés d'un quadrillage de fenêtres. Ce principe de construction est surtout visible de nuit. Illuminée également par le bas, la tour ressemble alors à une vis que l'on tourne dans la nuit noire. L'éclairage intérieur est également au service de cette architecture insolite. Les bandes de lumière disposées entre les parois et le plafond aident à s'orienter. Une lumière douce souligne la découpe des portes des appartements.

Even visitors on the ground floor experience the 'twisted' architecture. The steep window bands seem to dig deeply into the earth. Tube lights inserted into the wall and floor and light directed parallel to the spatial façade structure draw attention to the building's interior.

Schon in der untersten Etage erlebt der Betrachter die „verdrehte" Architektur. So scheinen sich die steilen Fensterbänder tief in die Erde zu drücken. In Wand und Boden eingelassene Leuchtstoffröhren, die analog zur Fassadenaufteilung in den Raum hineinstrahlen, lenken den Blick ins Innere.

Cette architecture en forme de vis est déjà perceptible aux étages inférieurs. Les baies vitrées semblent rentrer dans la terre. Des néons lumineux, encastrés dans les murs et les sols, forment un éclairage conforme à la structure des baies et fixent l'attention sur l'espace intérieur.

Eren Talu

Hotel Adam & Eve

Adam & Eve in Antalya, Turkey, has its own charming character. Domineering white, mirrored walls and a clear geometrical morphology determine the minimalist design. Ornate decoration and imaginative light games transform the entire hotel into an exceptional work of art, including the 289 feet (88 meters) long bar. The silver ceiling reflects the light of the centralized spotlights and of the red lights in the artificial tree decoration. The spa area includes marble walls and benches; mirrors along the upper part of the walls reflect warm, colored light in each corner.

Hotel Adam & Eve

Das *Adam & Eve* in Antalya hat seinen ganz individuellen Reiz. Dominantes Weiß, Spiegelwände und eine klare geometrische Formensprache bestimmen das minimalistische Design der Räumlichkeiten. Üppige Dekorationen und phantasievolle Lichtspiele verwandeln das Hotel darüber hinaus in ein ungewöhnliches Gesamtkunstwerk. Dazu gehört auch eine 88 Meter lange Bar. Deren silberne Decke reflektiert das Licht der mittig angeordneten Strahler und der roten Lichter der künstlichen Baumdekoration. Der Spa-Bereich besticht mit Marmorwänden und Bänken. Spiegel am oberen Rand der Wände werfen das farbige, beruhigende Licht in jede Ecke.

Hôtel Adam & Ève

À Antalya, l'hôtel *Adam & Ève* possède un charme particulier. Le blanc domine ; les murs sont ornés de miroirs ; le langage architectural est géométrique. Ces éléments composent le design minimaliste des différents espaces. L'opulente décoration et les effets de lumière excentriques font toutefois de cet hôtel un ouvrage hors du commun. Le bar s'étend sur 88 mètres. Les plafonds argentés reflètent la lumière des spots et celle des guirlandes rouges qui ornent les arbres artificiels. L'espace réservé aux soins du corps séduit par ses murs de marbre et ses bancs. Des miroirs, disposés en alignement sur les murs, diffusent de manière homogène une lumière apaisante et colorée.

Understated design marks the hotel rooms. The soft white floor, the bed and the floor-to-ceiling mirrored walls create design unity. Light modules that can be chosen in all colors create the right atmosphere.

Das Design der Hotelzimmer ist zurückhaltend. Der weiche, weiße Fußboden, das Bett und die vom Boden bis zur Decke reichenden Spiegelwände bilden eine gestalterische Einheit. Für die Stimmung sorgen Lichtmodule, die in allen Farben anwählbar sind.

Le design des chambres d'hôtel est sobre. Le sol blanc, le lit et les parois entièrement décorées de miroirs composent une unité. La couleur de l'éclairage peut varier selon les envies.

visuarte

Bravo Charlie, Tonstudio

Video art, media design, photography, 2D-Animation and video editing belong to the main focal areas of expertise of Visuarte, an acclaimed German agency, known for their extravagant light installations. Their main activity consists of media design and cross media-installations (video projects and sound) in interior design. As an art form, Visuarte's installations differ from traditional movies or slide projection in that they are created in real time; they could thus be better compared to playing a musical instrument than to the work done at a cutting table.

Bravo Charlie, Tonstudio

Videokunst, mediale Raumgestaltung, Photographie, 2D-Animation und Videoschnitt gehören zu den Hauptkompetenzen von Visuarte, einer für ihre extravaganten Lichtinstallationen bekannten deutschen Agentur. Ihr Tätigkeitsschwerpunkt liegt in medialer Raumgestaltung, d. h. der Ausgestaltung realer Räume durch Überlagerung von Videoprojektion und Ton. Als Kunstform grenzen sich Visuartes Installationen gegenüber der traditionellen Film- oder Diaprojektion durch ihre Entstehung in Echtzeit ab, sie ähneln damit eher dem Spielen eines Instrumentes als der Arbeit am Schneidetisch.

Bravo Charlie, Tonstudio

L'agence allemande Visuarte est connue pour ses éclairages extravagants. La vidéo, la scénographie de l'espace, la photographie, l'animation en deux dimensions sont également au nombre de ses activités, lesquelles convergent sur la mise en scène au moyen d'une association entre projections vidéos et son. Les installations scéniques de Visuarte se distinguent des projections de films ou de diapositives traditionnelles du fait qu'elles sont créées en temps réel. Elles sont ainsi plus proches de la maîtrise de l'instrument de musique que de l'ouvrage effectué sur la table de montage.

Gus Wüstemann

Glacier Loft

The clients had only two requests for the renovation of their apartment in the old part of Lucerne, Switzerland—lots of light and better access to their rooftop terrace. Architect Gus Wüstemann had free reign with everything else. When first viewing the apartment, the enthusiastic mountain climber envisioned it as a valley and the terrace, with its excellent view, as a mountain peak. Thus, the idea for the glacier apartment was born. Corresponding to the theme, the loft shines in bright white; sculptural objects mark the kitchen and bathroom zone and light falls in cascades through overlights over a stair-like landscape. The focal point is the living landscape, the stairwell. Irregularly shaped stairs entice visitors to climb and relax on the mountainous climb. In order to make the dark apartment even lighter, the architect re-bordered the existing overlight and painted it golden. Further light sources are the backlit bands on the walls or on the furniture base.

Glacier Loft

Die Auftraggeber hatten bei der Umgestaltung ihres Apartments in der Luzerner Altstadt nur zwei Wünsche: Viel Licht und einen besseren Zugang zur Dachterrasse. Ansonsten hatte der Architekt Gus Wüstemann vollkommen freie Hand. Bei seiner ersten Besichtigung empfand der begeisterte Bergsteiger die Wohnung als das Tal und die Terrasse mit weitem Blick als Berggipfel, und die Idee zu einer „Gletscher"-Wohnung war geboren. Passend zum Thema erstrahlt das Loft nun in hellem Weiß, skulpturartige Objekte markieren Koch- und Badezone, das Licht fällt kaskadenartig über eine treppenartige Landschaft und durch Oberlichter ein. Der Mittelpunkt ist die Wohnlandschaft, die eigentlich eine Treppe ist. Die unregelmäßig verteilten Stufen laden zum Klettern und Verweilen ein. Um noch mehr Licht in die ehemals dunkle Wohnung zu bekommen, fasste der Architekt das vorhandene Oberlicht neu ein und strich es goldfarben aus. Weitere Lichtquellen liefern die hinterleuchteten Streifen an Wänden oder an Sockeln der Möbel.

Loft Glacier

Lors de l'aménagement de leur appartement, situé au cœur de la vieille ville de Lucerne, les propriétaires ont exprimé deux souhaits : beaucoup de lumière et un accès à la terrasse sur le toit. Pour le reste, l'architecte Gus Wüstemann a eu les mains libres. Au cours de sa première visite dans l'appartement, ce dernier, passionné de randonnée en montagne, s'est senti comme dans une vallée, puis comme sur un sommet lorsqu'il a gagné la terrasse. C'est ainsi qu'est née la métaphore du « glacier ». Le loft est à présent d'un blanc lumineux. Des objets sculpturaux caractérisent la cuisine et la salle de bains ; des plafonniers et des éléments intégrés éclairent cet espace à la manière d'une cascade. Le dessin irrégulier formé par les marches invite à l'escalade et au repos. Afin d'accroître la luminosité de cet appartement sombre, l'architecte a peint en or le système d'éclairage d'origine. Sur les murs et les meubles, des bandeaux lumineux composent des foyers de lumière supplémentaires.

Verzeichnis | Index

Directory

2b architectes
www.2barchitectes.ch
Place du Molard
Photos: Courtesy of
2b architectes

3deluxe
www.3deluxe.de
cocoon club, Salt Mine
Photos: Emanuel Raab

3XN architects
www.3xn.dk
Bimhuis, Ørestad College
Photos: Courtesy of
3XN architects

Alan Chan Design
www.alanchandesign.com
Club Whampoa
Photos: Steve Mok

Altenheiner & Wilde
Architekten
www.architekt-nrw.de
with ERCO
Residential House Kayser
Photos: Thomas Mayer Archive

Atelierbrückner
www.atelier-brueckner.de
AGI Think TankTask Force Agency,
Frankfurt Stock Exchange,
Panasonic Fair Stand
Photos: Courtesy of
atelierbrückner

LDE BELZNER HOLMES
www.lde-net.com
with Schneider und Schumacher
Architekten
ERCO Hochregallager P3
Photos: Joerg Hempel Photodesign

Bentel & Bentel Architects
www.bentelandbentel.com
Cielo Club
Photos: Courtesy of
Cielo Club PR

Mario Botta Architetto
www.botta.ch
Bus Station, Dürrenmatt Center
Photos: Pino Mussi

Candela Lichtplanung
www.candela.de
with Bottega + Ehrhardt Architekten
Bix
Photos: David Franck

CL3 Architects
www.cl3.com
Lantern Wonderland, Vanke
Chengdu Commercial Complex
Photos: Joe Wu, Wong Ho Yin

concrete architectural associates bv
www.concreteamsterdam.nl
Supperclub Rome
Photos: Courtesy of
concrete architectural associates

eins:33 Architektur | Interior Design
www.einszu33.de
Gaggenau Press Event
Photos: Courtesy of
eins:33 Architektur

Fuchs, Wacker Architekten
www.fuchswacker.de
Haus Broll
Photos: Johannes Vogt

fuerrot architekten
www.fuerrot.at
Memorial Tomb of the 21st century
Photos: Simon Rümmele

Giorgio Borruso & Associate
Designers
www.borrusodesign.com
with Sabrina Mobili
Fornarina
Photos: Courtesy of Osram

Carlos Guerra
with Salvador Fabregas (Restaurierung)
Catedral de Santa Ana
Photos: Thomas Mayer Archive

Hashimoto Yukio Design Studio
www.hydesign.jp
Maimon Nishiazabu Restaurant
Photos: Nacása & Partners Inc.

Herzog & de Meuron
Allianz Arena
Photos: Dirk Wilhelmy

Steven Holl Architects
www.stevenholl.com
with Franz Sam, Irene Ott-Reinisch
Loisium Cellars
Photos: Courtesy of
Loisium Kellerwelt

Patrick Jouin
www.patrickjouin.com
Bar Plaza Athénée, Chlösterli Hotel
Photos: Roland Baur

k/h Büro für Innenarchitektur
und Design
www.bert-haller.de
with Zumtobel Lightning
Sofitel Munich Bayerpost
Photos: Courtesy of
Sofitel Munich Bayerpost

Kuwabara Payne McKenna
Blumberg Architects
www.kpmbarchitects.com
with Liz Etzold Architecure
Star Alliance Lounge Zurich
Photos: Ted Fahn, Walter Mair

Eric Kuster B.
Jimmy Woo
Photos: Courtesy of Jimmy Woo

Licht Kunst Licht
www.lichtkunstlicht.de
Novartis Parking Garage
Marco Serra Architect,
Photos: Lucas Roth
Ruhrmuseum at the Coking Plant
O.M.A. Office for Metropolitan
Architecture with Heinrich Böll
Architecure
Photos: Thomas Mayer Archive
Uniqa Tower
Neumann + Partner with
Mader Stublic Wiermann
Photos: Werner Huthmacher

luna.lichtarchitektur
www.lunalicht.de
Modern Literature Museum
with space4
Photos: Courtesy of
luna.lichtarchitektur, Artur
Pedestrian Underpass
with Dietz.Joppien.Architekten
Photos: Courtesy of
luna.lichtarchitektur

Marc Nelson licht design
www.marc-nelson.de
Spielbudenplatz
with ARGE Spielbudenplatz
Photos: Ralf Buscher
Lufthansa Base Hamburg
with Renner Hainke Wirth Architekten
Photos: Johannes A. Nemecky
James Bond 2070
with Jan Vogelsanger
Photos: Bodo Dretzke

Ingo Maurer
www.ingo-maurer.com
Atomium, Kruisherenhotel
Photos: Archive, Designhotels

Jürgen Mayer H.
www.jmayerh.de
Town Hall and Square
with luna.lichtarchitektur
Photos: Courtesy of
Jürgen Mayer H.

Raymond Morel,
Christiane Derory
Hotel Kube
Photos: Designhotels

Nimbus Design
www.nimbus-design.com
House in House
with Behnisch Architekten
Photos: Roland Halbe
Römerkastell
with Bulling Architekten
Photos: Frank Pieth

Panirama
Illuminationsmanufaktur
www.panirama.de
Festival of Lights
Photos: Dirk Wilhelmy

Plan2Plus
www.plan2plus.com
matrix technology AG
Photos: Courtesy of Plan2Plus

Scheitlin-Syfrig + Partner
www.scheitlin-syfrig.ch
Hotel Seeburg
Photos: Courtesy of Hotel Seeburg

Pia M. Schmid
www.piaschmid.ch
Park Hotel Waldhaus
with Hanspeter Fontana
Photos: Gaudenz Danuser

Julian Schnabel
Gramercy Park Hotel
Photos: Courtesy of Starwood Group

Schultze-Krause Lichtdesign
www.schultze-krause.de
Spektrometer 010
Photos: Courtesy of
Schultze-Krause Lichtdesign

stephen varady architecture
www.stephenvarady.com
Larson Kelly Residence
Photos: Courtesy of
stephen varady architecture

Mats Thorén, Lars Bylund,
Louis Poulsen Lighting
www.louispoulsen.com
Turning Torso
with Santiago Calatrava
Photos: Osram

Eren Talu Architects
Hotel Adam & Eve
Photos: Courtesy of
Hotel Adam & Eve

visuarte – medien im raum
www.visuarte.com
Bravo Charlie, Tonstudio
Photos: Ilja Knezovic

Gus Wüstemann
www.guswustemann.com
Glacier Loft
Photos: Gus Wüstemann

© 2008 Tandem Verlag GmbH
h.f.ullmann is an imprint of
Tandem Verlag GmbH

Editor:
Joachim Fischer
Editorial coordination:
Sabine Marinescu
Project coordination:
Arne Alexander Klett
Layout:
designdealer / büro für gestaltung
Imaging:
designdealer / büro für gestaltung
Produced by Klett Fischer
architecture + design publishing
www.klett-fischer.com

Project coordination
for h.f.ullmann:
Dania D'Eramo

Translation into English:
Margaret Buchanan
Translation into French:
Marie Piontek

Printed in China

ISBN: 978-3-8331-4891-0

10 9 8 7 6 5 4 3 2 1
X IX VIII VII VI V IV III II I

www.ullmann-publishing.com